Das Buch

Jeder kann seinen ganz persönlichen Beitrag zu einer besseren Welt leisten – es ist nie zu spät, damit zu beginnen. Dies ist die Botschaft dieses Buches, in dem Ervin Laszlo mit anderen Autoren zeigt, warum es so wie bisher nicht weitergehen kann und wie groß die Chancen sind, die Welt in Richtung eines friedlichen, gerechten Zusammenlebens aller Völker ohne Kriege und Umweltzerstörung zu ändern. Laszlo zeigt, welche ethischen Werte der Realität einer zusammengewachsenen Menschheit gerecht werden können und mit welchen Gedanken, Haltungen und Handlungen wir unser gemeinsames Schicksal auf dieser Erde aktiv mitgestalten können; sein Leitfaden reicht von grundlegenden philosophischen und psychologischen Fragen bis hin zu einer reichen Fülle konkreter Handlungsoptionen. Ergänzt wird er durch Texte von Michail Gorbatschow, Paulo Coelho und Masami Saionji sowie durch grundlegende Manifeste wie die Erd-Charta und die Weltethos-Erklärung. Ein notwendiges und überaus ermutigendes Buch für alle, die an eine bessere Welt glauben und an ihrer Entwicklung mitwirken möchten.

Die Autoren

Ervin Laszlo ist Gründer und Präsident des Club of Budapest. Er war einer der ursprünglichen Mitglieder des Club of Rome, Forschungsdirektor von UNITAR, Berater der UNESCO und Leiter des UN-Forschungsprojekts »Neue Weltwirtschaftsordnung«. Er ist Begründer der »evolutionären Systemtheorie« sowie Autor und Herausgeber mehrerer Bücher, die in zahlreichen Sprachen erschienen sind. 2004 wurde er für den Friedensnobelpreis nominiert.
Michail Gorbatschow war Präsident der Sowjetunion und Initiator der dortigen Perestroika. Er ist Friedensnobelpreisträger, Gründer und Präsident der Gorbatschow-Stiftung und von Green Cross International, Ehrenmitglied des Club of Budapest sowie Autor mehrerer Bücher.
Paulo Coelho ist einer der meistgelesenen Schriftsteller der Gegenwart und Ehrenmitglied des Club of Budapest.
Masami Saionji ist Präsidentin der Goi Peace Foundation in Japan und Ehrenmitglied des Club of Budapest.

Ervin Laszlo

Wie kann ich die Welt verändern?

Ein Report des Club of Budapest

Mit einer Einleitung von Michail Gorbatschow,
einem Epilog von Paulo Coelho
und einem Beitrag von Masami Saionji

Aus dem Englischen von Peter Spiegel

Ullstein

Besuchen Sie uns im Internet:
www.ullstein-taschenbuch.de

Umwelthinweis:
Dieses Buch wurde auf chlor- und säurefreiem Papier gedruckt.

Überarbeitete Neuausgabe im Ullstein Taschenbuch
1. Auflage Dezember 2005
2. Auflage 2006
© für die deutsche Ausgabe Ullstein Buchverlage GmbH, Berlin 2005
© 2003 by Ervin Laszlo
© 2003 by Masami Saionji für den Beitrag *You Can Change Yourself*
(aus: *Vision for the 21st Century und You Are the Universe, 2001*)
Titel der amerikanischen Originalausgabe: *You Can Change the World*
(SelectBooks, Inc., New York)
Umschlaggestaltung: Büro Hamburg
Titelabbildung: Nora Good/masterfile/zefa
Gesetzt aus der Times bei Pinkuin Satz und Datentechnik, Berlin
Druck und Bindearbeiten: Ebner & Spiegel, Ulm
Printed in Germany
ISBN-13: 978-3-548-36794-1
ISBN-10: 3-548-36794-1

Inhalt

Vorwort 9

Einleitung
Von Michail Gorbatschow 13

**Teil I: You Can Change the World
          Mitgestalten an einer besseren Welt**
Von Ervin Laszlo **17**

1 Die Welt in unseren Händen 19

2 Die Wahl unserer Zukunft:
  Zusammenbruch oder Durchbruch? 33
Die Startbedingungen 33
Szenarien eines Zusammenbruchs 35
Szenarien eines Durchbruchs 37
Zwei Wege des Denkens und Handelns 41

3 Denke verantwortungsvoll 47
Fünf gefährliche Überzeugungen 50
Rechte und Verantwortlichkeiten 59
Werte und Ethik 61

4 Handle verantwortungsvoll 67
Wie wir konkret handeln können 67

5 Ein Stern der Orientierung 83
Botschaft aus einer Welt nach der Krise 83

Unser politisches Organisationssystem 85
Unser wirtschaftliches Organisationssystem 88
Unsere Art der Techniknutzung 92
Unsere Art zu leben 95
Ein persönlicher Kommentar 97

Teil II: You Can Change Yourself
Von Masami Saionji **99**

Schöpfen Sie sich selbst! 101
Die Macht der Kreativität 103
Zweifeln Sie niemals an sich selbst 106
Die Macht Ihrer Worte 108
Die Gesetze der Harmonie 112
Wie Sie das Glück einladen können 117
Wahres Erwachen 122
Möge Friede auf Erden sich durchsetzen!
Ein Aufruf zum Handeln 124

Anhang **131**

1 Manifest über die globale Verantwortung 133

2 Statements des Club of Budapest
zu aktuellen Themen 143
Eine kluge Antwort auf Gewalt 143
Krieg darf nicht länger ein Instrument
nationaler Politik sein 144
Aus der Flutkatastrophe lernen 146

3 Für alles Leben auf Erden
Erklärung der Goi Peace Foundation 151

4 Weisheit am Wendepunkt
Die Budapest-Erklärung der World Wisdom Council 155

5 Die Erd-Charta 161

6 Erklärung zum Weltethos
*Zusammenfassung der Weltethos-Erklärung
des Parlaments der Weltreligionen* 175

Epilog: Was uns die alten Alchimisten erzählen
Von Paulo Coelho 179

Leseempfehlungen 183

Der CLUB OF BUDAPEST 186

Vorwort

Die Botschaft dieses Leitfadens wuchs in meinem Bewusstsein im Laufe der vergangenen zwei Jahrzehnte heran. Als ich die Vereinten Nationen nach sieben Jahren verließ, in denen ich Forschungsarbeiten konzipierte und koordinierte zu den sozialen und ökonomischen Aspekten dessen, was wir im Club of Rome »die Weltproblematik« nannten, und als ich mir klar darüber wurde, was ich dort gelernt hatte, gewann ich mehr und mehr die Überzeugung, dass ein grundlegender Wandel nicht »von oben« kommen wird. Er wird nicht von den gewählten und ernannten Führern der heutigen Gesellschaft ausgehen, sondern er muss »von unten« kommen, von den Menschen, die in dieser Gesellschaft leben. In den vergangenen Jahren hat sich diese Überzeugung durch zwei parallele Entwicklungen weiter verstärkt: zum einen durch die rasant wachsende Dringlichkeit eines Wandels und zum anderen durch die Entfaltung und Intensivierung des Willens der Menschen an der Basis zu einem solch grundlegenden Wandel.
Die Herausforderung in dieser ersten Dekade des 21. Jahrhunderts besteht darin, den Wandel, der bereits begonnen hat, zu stärken und sich auf ihn einzustellen, damit uns dieser Wandel an die Schwelle einer Welt führt, in der alle Menschen ohne Entwürdigung, ohne tödliche Kämpfe und ohne Zerstörung unserer Umwelt leben können. Dies erfordert zunächst die Behandlung zweier Fragen. Erstens, wie Michail Gorbatschow es in seiner Einleitung formuliert: *Was steht auf dem Spiel?* Und zweitens: *Was kann ich zur Stärkung des begonnenen Wandels beitragen und wie kann ich mich auf ihn einstellen?* Ich gründete den Club of Budapest in den 90er Jahren, um durch ihn kreative Men-

schen mit planetarischem Bewusstsein zusammenzubringen, die gemeinsam an Antworten auf diese Fragen arbeiten. In den vergangenen Monaten habe ich nun jene Antworten zu Papier gebracht, die sich dabei für mich herauskristallisierten.

Auf diese Weise entstand dieses Buch, das nicht, wie zumeist bei solchen Büchern, eine kritische Würdigung der lokalen und globalen Probleme und eine Skizze der vorgeschlagenen Lösungen anbietet, sondern ein Arbeitsbuch darstellt in der ursprünglichen Bedeutung dieses Wortes: ein Buch, das zwischen Ihnen und mir und ähnlich denkenden Menschen diskutiert und beraten werden sollte auf der Suche nach der bestmöglichen Gestaltung des Wandels dieser Welt. Ein solches Anliegen ist nicht länger utopisch, denn die Welt *braucht* nicht nur einen tief greifenden Wandel, sondern sie ist dafür auch ausgesprochen *offen*, weil sie von Terrorismus und Krieg so gefährdet ist. Der Impuls zum Wandel gewinnt an Fahrt. Die Aufgabe, vor der wir nun stehen, liegt in der Stärkung und Steuerung dieses Impulses, damit dieser in eine positive Richtung führt. Hierzu müssen wir uns darüber klar werden, was auf dem Spiel steht – was gleichbedeutend ist mit der Frage, warum die Welt einen Wandel braucht. Und wir müssen eine Idee davon gewinnen, wie *wir* den Wandel stärken können durch *unsere* Einstellung dazu, durch *unser* Denken, *unser* Leben und *unsere* persönliche Entwicklung.

Dieser Leitfaden ist an Menschen adressiert, die bereit und willens sind, Agenten für einen Wandel in Richtung einer friedlicheren und nachhaltigeren Zukunft zu sein – an junge Menschen und an offene Menschen jeden Alters. Dieser Leitfaden ist hervorgegangen aus der Diskussion mit einer Vielzahl von Menschen aus aller Welt, vor allem mit meinen Freunden und Kollegen im Club of Budapest. Ich kann nicht allen von ihnen namentlich danken, aber ich möchte meine besondere Dankbarkeit und Hochachtung jenen gegenüber zum Ausdruck bringen, die mir dabei halfen, die verschiedenen Entwürfe weiterzuentwickeln und Ausgaben in verschiedenen Sprachen vorzubereiten, insbesondere Peter Spiegel, dann Maria Sági und Ivan Vitányi in Ungarn, Enrico Montecucco, Nitamo Montecucco, Aleandro Tommasi und Olivero Beha vom Club of Budapest Italien, Vinod K. Bhalla, Carl Zaiss und Suheil Bushrui vom Club of Budapest USA, Masami Saionji von der Goi Peace Foundation und dem Club of Budapest Japan. Ganz besonders danke ich Michail Gorbatschow, Ehrenmitglied und einer der wichtigsten Förderer des Club of Budapest, für seine Einführung, die die Natur und Bedeutung der Botschaft dieses Buches hervorhebt, und unserem Ehrenmitglied Paulo Coelho für seine große und enthusiastische Bereitschaft, unsere Botschaft zu unterstützen und zu verbreiten. Mein spezieller Dank gilt Jane Taylor von *Positive News*. Sie las und studierte vier verschiedene Versionen des Manuskripts und brachte wertvolle Vorschläge zur Verbesserung und Vervollständigung des Textes ein.

Ervin Laszlo
Montescudaio, Toskana
März 2005

Einleitung

Von Michail Gorbatschow

Lieber Leser,

dieser praktische Leitfaden spricht Sie als Individuum an. In der Tat ist dies eine Botschaft an Sie ganz persönlich und gleichzeitig eine Botschaft an jeden von uns. Er wurde geschrieben in der Hoffnung, dass Sie ihn nicht nur lesen, sondern tief über die Dinge nachdenken, die er mitzuteilen hat. Er ist von der Hoffnung getragen, dass Sie daraus die notwendigen Schlussfolgerungen ziehen – Ihre persönlichen Schlussfolgerungen für sich selbst, für Ihre Familie, für Ihren Umgang mit Ihren Freunden und allen Menschen, die Ihnen nahe stehen.
Warum wählte der Autor dieses Buches, der bekannte Wissenschaftler, Humanist und Präsident des Club of Budapest, Ervin Laszlo, diese besondere Form der Ansprache, die Form einer persönlichen Botschaft an uns, seine Leser?
Wenn Entscheidungen anstehen zur Zukunft einzelner Menschen oder zu einzelnen Aspekten der uns umgebenden Welt, können wir die wesentlichen Punkte zu der jeweiligen Frage ziemlich leicht und schnell erkennen. Wir blicken auf die Vor- und Nachteile verschiedener Optionen, ziehen daraus unsere Schlussfolgerungen und treffen unsere Entscheidungen über die Schritte, die zu tun sind. Dies ist der natürliche Gang der Dinge, dies entspricht unseren Gewohnheiten und ist Teil unseres alltäglichen Denkens und Handelns. Der gesunde Menschenverstand hilft jedem, sich auch in einer komplexen Welt zurechtzufinden, indem er oder sie sich entscheidet, sich entweder den Gegebenheiten anzupassen oder zu versuchen, diese zu verändern.

Die Situation ist jedoch eine andere, wenn wir es mit Problemen zu tun haben, die das Schicksal der ganzen Welt und der gesamten Menschheit berühren. Wir sind es nicht gewohnt, mit Fragen von solcher Dimension umzugehen. Es mag uns so erscheinen, dass solche Fragen nichts mit uns zu tun haben und dass diese irgendwann und irgendwie von irgendjemandem, der sich darum kümmern wird, gelöst werden. Warum wir? Wir sind doch nur kleine Leute.

Dies ist der Grund, weshalb dieses Buch, das unseren globalen, weltumspannenden Problemen gewidmet ist, Sie in so klarer und logischer Sprache anspricht und seine Beweise so überzeugend vorbringt. Dies macht es Ihnen und jedem von uns leichter, seine Aufgabe anzunehmen. Die Aufgabe ist im Kern einfach: Konzentrieren wir uns auf die Grundlagen. Wir werden dann verstehen, dass globale Probleme nichts Fremdes an sich haben. Es sind *unsere* Probleme. Wir stehen in unmittelbarem Kontakt zu ihnen, nicht weniger als zu anderen alltäglichen Problemen. Wir sind es – jeder Einzelne von uns –, die diese Probleme nicht nur verstehen können, sondern in der Lage sind, etwas zu tun – und keineswegs etwas Unbedeutendes, sondern etwas, das unmittelbar und von der Wurzel her zur Überwindung der Probleme beiträgt.

Was steht auf dem Spiel?

Fakt ist, dass sich mit der Zeit eine ganze Pyramide unterschiedlichster Probleme akkumuliert hat in jedem Teil der Welt – soziale, politische, ökonomische, kulturelle Probleme. Innere Widersprüche offenbarten sich in jedem einzelnen Land, wenn auch mit unterschiedlichem Gesicht, und brachten Konflikte und Krisen hervor, manchmal auch Kriege. Die Beziehung zwischen Mensch und Natur wurde immer komplexer und angespannter. Die Luft wurde vergiftet, die Flüsse wurden verschmutzt, die Wälder dezimiert. Die Zahl der inneren Widersprüche unserer Gesellschaft wächst und diese Widersprüche gewinnen an Tiefe. Die menschliche Gesellschaft zeigt Symptome einer ernsten Krankheit.

Auf unseren unterschiedlichen Wegen hat jeder von uns in jedem Teil der Welt seine Unzufriedenheit mit diesem Status zum Ausdruck gebracht und Änderungen gefordert und fährt fort, Änderungen zu fordern. Kommt dies nicht jedem vertraut vor? Ich denke schon.

Ab einem bestimmten Punkt werden diese Herausforderungen und inneren Widersprüche so brennend, dass Änderungen unvermeidlich sind. Wenn sich die Führer, die über das Schicksal einer Gesellschaft entscheiden, als unfähig erweisen, den Kern dieser Wandlungen zu verstehen und zu steuern, werden sich die Menschen nicht länger mit ihnen abfinden. Gewalttätige Bewegungen werden aufkommen, Streiks, Zerstörungen. Die Gesellschaft wird in eine Phase der Krise eintreten. Wie wird die Krise überwunden werden? Es ist schwer, dies vorauszusagen. Die Krankheit der Gesellschaft beeinflusst jedes ihrer Mitglieder, jeden einzelnen Bürger, sie bedroht jeden mit Leid. Am Ende mag eine Explosion stehen, ein Blutbad, das niemand will, das aber plötzlich über uns kommt.

Gibt es einen anderen Weg aus dieser Krise? Dieses Buch gibt eine Antwort: Ja, es gibt einen anderen Weg. Wir müssen nicht warten, bis die Krise unserer Gesellschaft einen noch dramatischeren Krisenpunkt erreicht. Wir müssen *jetzt* handeln! *Wir* müssen handeln! Wenn jeder seinen Anteil übernimmt, können wir gemeinsam die nötige Wende erreichen. Neben anderen Effekten können wir dadurch insbesondere auch Einfluss nehmen auf jene, die mit ihren politischen Entscheidungen das Schicksal der Gesellschaft bestimmen, und sie motivieren, die nötigen Veränderungen zu gestalten. Wir brauchen Veränderungen nicht nur im Sinne eines Krisenmanagements, sondern Veränderungen auf dem Pfad des Überlebens der Menschheit – zu einer gesunden Entwicklung für Mensch und Natur und einer besseren Lebensqualität für alle. Nur auf dieser Ebene können nachhaltige Lösungen gefunden werden.

Unsere Gesellschaft, die ungeteilte menschheitliche Gemeinschaft, hat nunmehr jenen Punkt erreicht, an dem sie eine Entscheidung treffen muss: Will sie sich durch die aufkommenden Krisenereignisse treiben lassen und sich ihr »Krisenlernen« dadurch diktieren lassen? Oder will sie jene Wende gestalten, die einen neuen Charakter und Inhalt von Entwicklung bestimmt – eine Entwicklung, durch die jedes einzelne menschliche Wesen und die Menschheit als Ganzes gewinnt? Bevor wir jedoch eine solche Entscheidung treffen können, müssen wir uns dessen bewusst werden, dass eine solche Wende wirklich notwendig ist. Danach müssen wir verstehen lernen, wie wir sie möglichst ohne negative Begleiterscheinungen bewältigen können, wie wir sie *positiv* gestalten können.

Dieses Buch hilft uns, die aktuelle Lage auf unserem Planeten, unsere *gemeinsame* Lage, zu verstehen, und es hilft uns, den Pfad zu erkennen, den wir einschlagen müssen. Es hilft uns zu bestimmen, was und wie es zu tun ist, um so unser gemeinsames Wohlergehen sicherzustellen.

Die Zukunft, vor der wir stehen, ist offen. Jeder von uns, einschließlich Ihnen, lieber Leser, kann seinen entscheidenden Teil dazu tun, die Zukunft zu bestimmen.

Lesen Sie dieses Buch und denken Sie darüber nach. Dies ist wichtig für Sie, für Ihre Familie, für Ihre Kinder und Enkel, für Ihre Freunde, für jeden um Sie herum.

Teil I

You Can Change the World
Mitgestalten an einer besseren Welt

Von Ervin Laszlo

1 Die Welt in unseren Händen

Die Botschaft dieses Buches ist einfach: Wir müssen nicht länger auf den großen Wandel warten, der »von oben« kommt, von den gewählten und berufenen Führern der gegenwärtigen Gesellschaft. Wir müssen selbst zu den Katalysatoren des Wandels werden. Der Wandel kommt »von unten«, von den Menschen der Gesellschaft. Dies ist ein realistisches Ziel, da die Aussichten auf einen Wandel von unten in den vergangenen Jahren deutlich zugenommen haben. Seine Wahrscheinlichkeit hat sich durch zwei parallele Entwicklungen erhöht: erstens durch die schlichte Notwendigkeit eines grundlegenden Wandels, der noch nie so dringlich war wie heute, und zweitens durch die Entfaltung und Intensivierung des Willens zu einem Wandel bei immer mehr Menschen in der Welt.

Der Wandel wird kommen, denn die Menschheit kann nicht so weitermachen wie bisher. Krieg und Terrorismus sind nur die Spitze des Eisbergs. Der unsichtbare, aber nun immer mehr auftauchende Teil des Eisbergs konstituiert sich aus der Anspannung, der Frustration und dem Hass, die aus der Erschöpfung unserer lebenserhaltenden Umwelt resultieren, sowie der mangelnden Balance der Wirtschafts- und Sozialsysteme unserer Welt.

Der Wandel muss und wird kommen – aber wann und wie? Wir können dies heute nicht sagen, doch das stellt kein Problem dar, denn: Die Zukunft ist zwar nicht vorhersagbar, aber gestaltbar. Die Herausforderung für Sie, für mich, für uns alle besteht darin, durch verantwortungsbewusstes Denken und Handeln eine positive Zukunft zu gestalten.

Wir sind nicht dazu gezwungen, für immer mit und in Krisen

und Konflikten zu leben. Wir sind in der Lage, eine friedvollere und nachhaltigere Welt zu schaffen. Wir können uns für Harmonie, Kooperation, lebenswerte Gemeinschaften und für Wertesysteme entscheiden, die uns darin nähren und stärken, die wirtschaftlich, sozial und ökologisch nicht nachhaltigen Aspekte der heutigen Welt schrittweise zu ersetzen.

Wenn wir die Lage der Welt verbessern möchten, müssen wir uns im Klaren darüber sein, was falsch läuft. Dies ist der erste Punkt auf unserer Agenda. Wir müssen uns die Fakten ansehen – glücklicherweise sind diese bekannt und sprechen laut und deutlich für sich.

Wir haben unser Glück, unsere Gesundheit und unser Wohlbefinden der Wirkungsweise des Marktes anvertraut. Die ökonomischen und sozialen Systeme, die vor allem auf dem Markt basieren, haben unvergleichlichen Wohlstand und Luxus für wenige hervorgebracht – und Marginalisierung und Not für die meisten. Diese Form der Marktdominanz globalisiert die Produktion, den Handel, die Finanzen und die Kommunikation – und produziert gleichzeitig national und regional Arbeitslosigkeit, die Vertiefung der Einkommenskluft und das Wachstum ökologischer Verwüstung. Die Vorteile ökonomischen Wachstums – lange Zeit der Indikator für Fortschritt – konzentrieren sich immer mehr auf wenige. Während die reichsten 20 Prozent der Weltbevölkerung immer reicher werden, werden die 20 Prozent der Ärmsten in immer demütigendere Armut abgedrängt und müssen im Schatten protzenden Überflusses ihr Geradenoch-Überleben in Slums und Gettos suchen.

Derartige Umstände sind sowohl sozial als auch politisch explosiv: Sie erzeugen Wut und Revolte und provozieren massive Migrationsbewegungen von ländlichen Gegenden in Städte und von armen in reichere Regionen; Fanatiker rufen »Heilige Kriege« aus und suchen Zuflucht im Terrorismus; Globalisierungsgegner versuchen, internationalen Handel und globale Geschäftstätigkeit zu blockieren; die organisierte Kriminalität engagiert sich in betrügerischen Insider-Geschäften, in Korruption, im Handel mit Frauen, Kindern, Drogen und menschlichen Organen sowie allen Arten von Waffen. Solange Menschen enttäuscht sind, Hass und den Wunsch nach Rache hegen, so lange werden sie nicht mit anderen eine Beziehung pflegen, die auf Frieden und Kooperation aufbaut. Ob die Ursache hierfür das verletzte Ego eines Menschen ist oder das verletzte Selbstwertgefühl eines Volkes, ob der Wunsch nach persönlicher Rache oder der Wunsch nach Verteidigung der eigenen Religion mit dem Mittel eines »Heiligen Krieges« – all dies steigert das Gewaltpotenzial. Wir werden Frieden in der Welt nur dann erreichen, wenn wir Frieden in den Herzen der Menschen erreichen. Letzteres ist die Vorbedingung des Ersteren. Und innerer Frieden hängt entscheidend davon ab, inwieweit wir für alle in jenem globalen Dorf, in das wir uns hineinkatapultiert haben, Bedingungen schaffen, die dem Grundsatz gleicher Chancen besser gerecht werden.

Unsere Welt, dieses globale Dorf, steckt voller Probleme. In den industrialisierten Ländern gehören Jobsicherheit und das gesicherte Überleben von Unternehmen der Vergangenheit an. Auf der Ebene der persönlichen Sicherheit wachsen mit dem Wohlstand auch viele neue Gefahren für Leib und Leben. In den armen Ländern verschärft sich die Armut weiter durch Hunger, zunehmende Arbeitslosigkeit und die allgemeine Verschlechterung der Lebensbedingungen. Für reiche und arme Länder gilt gleichermaßen, dass kultivierbarer Boden überstrapaziert wird, Flüsse, Seen und Ozeane verseucht werden und der Grundwasserspiegel sinkt. Und die Kluft zwischen modernen und traditionellen Teilen der Gesellschaft reißt immer tiefer auf in Strukturen und Institutionen, von denen die soziale Stabilität existenziell abhängt.

Die Wirtschafts- und Finanzsysteme der Welt sind in sich selbst nicht nachhaltig. Grenzenloses Wachstum ist in einer begrenzten Umwelt nicht möglich. Aber das internationale Finanzsystem erfordert unbegrenztes Wachstum, um nicht zu kollabieren. Das meiste Geld, das in der Welt im Einsatz ist, basiert auf Verschuldung. Dieser Teil des Geldes würde seine Existenz in dem Augenblick verlieren, in dem die Schuld zurückbezahlt würde. Dies bedeutet: Damit das System nicht zusammenbricht, weil ein Gutteil des Kreditgeldes, das Handel ermöglicht, verschwände, muss das System immer weiter wachsen. Es muss in dem Maße wachsen, dass Investoren genügend profitable Geschäfte finden, die sie finanzieren können. Das Geld, das dadurch geschaffen wird, verschärft die Kluft zwischen Arm und Reich. Allein in den globalen Aktienmärkten sind etwa 19 Billionen Dollar investiert – das Äquivalent der summierten Bruttoinlandsprodukte aller G-8-Staaten und fast 80 Prozent des Bruttoinlandsprodukts der gesamten Weltbevölkerung.

Eine Reform der Funktionsweisen der lokalen und globalen Märkte sowie des Weltfinanzsystems ist notwendig und dringlich, jedoch erfordert dies keineswegs einen Ruf nach diktatorischen Mitteln und rigider staatlicher Regulierung. Es erfordert vielmehr das rechtzeitige Erwachen eines verantwortungsbewussten Denkens und Handelns eines hinreichend großen Anteils der Weltbevölkerung. Wirtschaftlicher und finanzieller Wettbewerb müssen besser temperiert sein durch Solidarität und Fairness und Nachfrage muss besser ansprechen auf soziale und ökologische Überlegungen. Dann würde der Kapitalfluss gerechter und die Märkte würden beginnen, die Erträge wirtschaftlicher Entwicklung besser unter die Ökonomien der Welt zu verteilen. Dies würde den Interessen aller dienen: Es würde die globale Nachhaltigkeit anheben und Instabilität und Konflikte reduzieren.

Leben und Wohlergehen im globalen Dorf

Um die Vielfalt des Lebens und Wohlstands im globalen Dorf richtig einschätzen zu können, sollten wir uns die Relationen in der Größenordnung eines Dorfes mit 1000 Einwohnern vorstellen. In diesem Dorf leben 560 Frauen und 440 Männer. Nahezu 300 Einwohner sind jünger als 15 Jahre und 69 sind älter als 65.

576 Bürger sind Asiaten, 320 Europäer, Amerikaner, Araber und Australier und 104 Afrikaner. 162 von ihnen sprechen Chinesisch, 81 Englisch, 69 Hindi, 65 Spanisch, 52 Russisch, 37 Arabisch, 34 Bengalisch – und der Rest spricht eine von vielen Tausend weiteren Sprachen. 149 Bürger des globalen Dorfes leben mit einem durchschnittlichen täglichen Einkommen von 78 Dollar pro Tag, 445 müssen mit 16 Dollar pro Tag auskommen, 179 mit 5 Dollar und 277 mit weniger als einem Dollar. 140 Einwohner sind Analphabeten, 328 Bürgern steht nicht einmal ein Minimum an ärztlicher Versorgung zur Verfügung und 19 Kinder des Dorfes haben keine Möglichkeit, zur Schule zu gehen. 25 Dorfbewohner sind Flüchtlinge und 10 verlassen jedes Jahr das Dorf, um in die Stadt abzuwandern. Die 200 Bessergestellten im Dorf konsumieren 86 Prozent von allem, was es auf dem Markt zu kaufen gibt, während den 200 Ärmsten gerade einmal 4 Prozent verbleiben. Jeder der 149 Reichen im Dorf verbraucht im Durchschnitt seines Lebens 250 Millionen Liter sauberen Wassers, 15 Millionen Liter Benzin, 45 Tonnen Stahl, 65 Tonnen Getreide und einen Wald mit 1000 Bäumen.

Falls sich die gegenwärtigen Entwicklungstrends nicht ändern würden, wäre das globale Dorf bis zum Jahr 2050 von 1000 auf 1500 Einwohner angewachsen, von denen 690 keinen Zugang zu sauberem Wasser hätten und 300 mit weniger als einem Dollar am Tag überleben müssten.

Unsere Welt ist ökonomisch und sozial nicht nachhaltig. Die mangelnde Nachhaltigkeit in unserem globalen Dorf hat auch ökologische Gründe. In der Vergangenheit existierte ein funktionierendes Gleichgewicht zwischen menschlichen Ansiedlungen und der Biosphäre, die Ausbeutung der Umwelt war maßvoll. Bei geringer Bevölkerungszahl und primitiver Technologie schienen die natürlichen Ressourcen endlos und die Schädigungen der Umwelt nicht signifikant. Und als verbesserte Technologien begannen, die Umwelt lokal zu schädigen und zu zerstören, gab es noch genügend saubere Regionen, die erobert und ausgebeutet werden konnten.

Zur Mitte des 19. Jahrhunderts erreichte die Weltbevölkerung die Marke von 1 Milliarde Menschen. Seither wuchsen die Bevölkerung sowie ihr Ressourcenverbrauch dramatisch an. In den letzten 50 Jahren verbrauchten unsere Eltern und Großeltern mehr Naturressourcen als die Menschheit in allen vorherigen Jahrhunderten zusammen. Heute hat unser globales Dorf 6,3 Milliarden Einwohner. Trotz dieser großen Anzahl machen unsere Körper ganze 0,014 Prozent der Biomasse auf unserem Planeten aus und bescheidene 0,44 Prozent der tierischen Biomasse. Die Last, die wir der Umwelt aufbürden, steht in keinem Verhältnis zu unserer zahlenmäßigen Bedeutung.

Der »ökologische Fußabdruck« quantifiziert die Überbeanspruchung der Natur durch den Menschen. Er definiert das Ausmaß, in dem die biologische Produktionsfähigkeit des Planeten »genutzt« beziehungsweise belastet wird durch ein Individuum, eine Stadt, eine Nation oder die Menschheit als Ganzes. Der ökologische Fußabdruck ist die Landfläche, die erforderlich ist für eine bestimmte Intensität menschlicher Ansiedlung. Wenn der ökologische Fußabdruck einer Ansiedlung größer ist als das ihr zugeordnete Land, sind diese Ansiedlung und ihre Lebensweise nicht nachhaltig und unabhängig. Eine Stadt ist damit per se nicht nachhaltig, weil nur ein sehr kleiner Anteil der »verbrauchten« Landfläche sich in den eigenen Stadtgrenzen befindet. Sie bezieht ihre Nahrung und ihr Wasser aus dem Hinterland und nutzt externe Reservoire für ihre Abfallbeseitigung. Regionen und ganze Länder können hingegen sehr wohl nachhaltig sein. Ihr ökologischer Fußabdruck muss keineswegs über ihre Territorien hinausreichen. Die Realitäten sehen jedoch anders aus.

In einer bahnbrechenden Studie des in Costa Rica ansässigen Earth Council wurde der ökologische Fußabdruck von 52 Ländern unter die Lupe genommen, der Heimat von 80 Prozent der Weltbevölkerung. 42 dieser Länder hatten ökologische Fußabdrücke, die über ihre Territorien hinausreichten. Wir können die Wurzeln des Problems erkennen, wenn wir die Fußabdrücke von Individuen mit der biologischen Produktionsfähigkeit des Planeten vergleichen. 1996 standen in der Biosphäre der Erde 12,6 Milliarden Hektar biologisch produktiver Raum zur Verfügung, was etwa einem Viertel der Erdoberfläche entspricht. Dies umfasste 9,4 Milliarden Hektar Land und 3,2 Milliarden Hektar Fischgründe. Wenn dies bei einer Bevölkerung von 5,7 Milliarden Menschen gerecht verteilt würde, stünden jedem Erdbewohner 2,18 Hektar »nutzbare Erdoberfläche« zur Verfügung. Bis heute ist der »Erd-Anteil« pro Erdbewohner geschrumpft: Wir sind mehr Menschen geworden – 6,3 Milliarden –, während die biologische Produktionsfähigkeit der Biosphäre bestenfalls gleich geblieben ist. So liegt der »Erd-Anteil« heute bei 2,1 Hektar für jeden Mann, jede Frau und jedes Kind. In den 52 untersuchten Ländern lag der durchschnittliche ökologische Fußabdruck jedoch bei 2,8 Hektar.[*]

Der »Living Planet Report 2000« des World Wildlife Fund vermaß den ökologischen Fußabdruck von 151 Nationen. In dieser Studie sind alle großen und bevölkerungsreichen Länder erfasst, so dass sie einen fairen Überblick über die Weltsituation zulässt. Es zeigt sich, dass die Menschheit insgesamt ihren »Erd-Anteil«

---

[*] Auf folgender Homepage kann jeder »seinen« persönlichen ökologischen Fußabdruck feststellen: www.myfootprint.org

um nahezu ein Drittel überbeansprucht, genau um 30,7 Prozent. Die 75 Länder, die mehr als ihren »Erd-Anteil« verkonsumieren, stellen 21 Prozent der Weltbevölkerung, unter ihnen sind Länder wie die Vereinigten Arabischen Emirate und Singapur. Die USA überschreiten ihren Anteil nahezu um das 12fache, das macht pro US-Bürger durchschnittlich 12,5 Hektar nutzbare Erdoberfläche. Und obwohl der Anteil der besonders armen Länder wie Bangladesh bei nur etwa 0,5 Hektar liegt, überzieht die Menschheit in ihrer Gesamtheit bereits heute die Kapazität der Erde zur Produktion von genügend Nahrung, Wasser und Wäldern, zur Bereitstellung von bewohnbarem Raum für alle Menschen und zur Verarbeitung des produzierten Abfalls bei weitem.

Die Situation würde sich noch weiter dramatisch verschlechtern, wenn alle Länder einfach das westliche Wohlstandsmodell übernähmen. Wenn alle 189 Nationen der Welt dem Beispiel der 42 »reichen« Länder folgten, stiege die Überdehnung der biologischen Produktionskapazität dieses Planeten auf über 100 Prozent. Wenn wir im Gleichgewicht mit der ökologischen Basis unseres Planeten bleiben wollten, bräuchten wir dann zusätzlich noch einen zweiten Planeten von der Größe der Erde. Während der letzten drei Jahrzehnte wurde ein Drittel der natürlichen Ressourcen unseres Planeten ausgeplündert. Und wenn alle Bürger der Erde dem »American Way of Life« nachfolgen würden, bräuchte die Erde eine fünfmal so hohe Stahlproduktion, eine Verachtfachung der Kupfer- und eine Verneunfachung der Aluminiumproduktion.

Die Menschheit überstrapaziert die Natur nicht nur, sie beeinträchtigt sie auch. Die wachsende Degradierung der Umwelt wurde bis in die 80er Jahre des letzten Jahrhunderts kaum wahrgenommen. Der Erfolg der technologischen Zivilisation verdeckte die Tatsache, dass die Kreisläufe der Natur zunehmend missachtet wurden. Die chemisch unterstützte Mechanisierung der Landwirtschaft ließ den Ertrag pro Hektar zwar anwachsen und erschloss neue Böden für eine landwirtschaftliche Kultivierung. Aber sie steigerte auch das Algenwachstum in unseren Seen und Wasserwegen. Chemikalien wie DDT erwiesen sich als effektive Insektizide, doch sie vergifteten gleichzeitig ganze Tier-, insbesondere Vogel- und Insektenarten. Derzeit produzieren wir jährlich 300 bis 500 Tonnen gefährlicher Chemikalien, und wenn Teile davon in die Kreisläufe der Natur geraten, vergiften sie Pflanzen, Tiere und Menschen. Viele von uns haben inzwischen 500 bis 1000 Mal mehr Blei im Körper, als wir haben sollten. Die Flüsse und Seen sind so verseucht, dass ein Sechstel der Menschheitsfamilie keinen Zugang zu sauberem Trinkwasser hat und zwei Fünftel unter hygienisch unhaltbaren Zuständen leben müssen.

Der Bericht des Worldwatch Institutes aus dem Jahr 2003 führt aus, dass 12 Prozent unserer Vögel und 25 Prozent der Säugetiere akut vom Aussterben bedroht sind. Und der Bericht des Jahres 2004 zeigt, dass sich die Artenvielfalt zu Lande und zu Wasser von 1970 bis 2000 um 40 Prozent reduziert hat. Wir haben 30 Prozent unserer Wälder verloren und im Laufe des vergangenen Jahrhunderts 50 Prozent des Weidelandes. Als Folge davon leben heute bereits 500 Millionen Menschen in chronischen Dürreregionen und bis zum Jahr 2025 wird sich diese Zahl verfünffachen auf etwa 2,4 bis 3,5 Milliarden Menschen.

Wir nähern uns der äußersten Grenze der Erdkapazität, menschliches Leben zu erhalten. Der »Living Planet Report« warnt, dass wir den Planeten inzwischen in einem Tempo plündern, das dessen Fähigkeit zur Lebenserhaltung überholt. Allein während der letzten drei Jahrzehnte wurde mehr als ein Drittel der natürlichen Ressourcen durch menschliche Aktivitäten zerstört. Wenn sich dieser Trend bis zum Jahr 2050 fortsetzt, benötigt die Menschheit zwei weitere Planeten von der Größe der Erde. Ein Leben auf des Messers Schneide ist gefährlich, da Ökosysteme nicht scheibchenweise kollabieren. Wir handelten gemäß der zugrunde gelegten Annahme, dass sich in der Natur Ursache und Wirkung proportional verhalten – etwas mehr Abfall würde etwas mehr Gefahr bedeuten. Dem ist jedoch nicht so. Ökosysteme können über Jahre hinweg belastet werden, ohne dass dies irgendwelche Veränderungen zeitigt, aber plötzlich kippen sie um in einen grundlegend anderen Zustand. Graduelle Veränderungen bauen langsam eine Verwundbarkeit auf, bis eine schockartige Veränderung wie eine Flut oder Dürre das System mit einem Schlag in einen anderen Zustand versetzt, der menschliches Leben und ökonomische Aktivitäten möglicherweise nicht mehr zulässt.

Dies gilt auch für das globale Klima, das sich sprunghaft katastrophal verändern kann. Nach einem im Jahr 2002 veröffentlichten Bericht der amerikanischen National Academy of Sciences kann eine abrupte Klimaveränderung eintreten, wenn das Klimasystem weiterhin über eine bestimmte Schwelle hinweggetrieben wird. Die globale Erwärmung, die für die nächsten 100 Jahre mit einem Temperaturanstieg zwischen 1,4 und 5,8 Grad Celsius vorausgesagt wird, kann die damit verbundenen Effekte auch schon innerhalb der nächsten Jahre auslösen. Das neue Klima würde menschliche Ansiedlungen und Ökosysteme in der ganzen Welt buchstäblich überspülen: Wälder würden vom Feuer verzehrt, Grasland würde austrocknen und von Sandstürmen verwüstet, Tier- und Pflanzenwelten würden verschwinden und Krankheiten wie Cholera, Malaria oder Gelbfieber würden die menschliche Population dezimieren.

Diese Annahmen wurden Anfang 2005 revidiert. David Stainforth von der Oxford University stellte als wissenschaftlicher Leiter einer Studie, an der zahlreiche führende Wissenschaftler britischer Universitäten beteiligt waren, anhand neuer Forschungsergebnisse fest, dass das Erdklima weitaus sensibler auf von Menschen erzeugte Treibhausgase reagiert, als dies bis dahin angenommen wurde. Die Studie weist nach, dass die Verdoppelung des Dioxydgehalts der Luft seit vorindustrieller Zeit eine Erhöhung der durchschnittlichen Erdtemperatur um 2 bis

11 Grad Celsius nach sich zieht. Eine Erhöhung um 11 Grad würde das Antlitz der Erde dramatisch verändern. Die Erhitzung oder teilweise auch Abkühlung würde in den verschiedenen Weltregionen höchst unterschiedlich ausfallen, in weiten Regionen würde die Erhitzung bis zu 20 Grad ausmachen. Dies könnte unter anderem zur Freisetzung der Methangase führen, die heute in den Eismassen der arktischen Tundra gebunden sind. Da Methangas einen 20fach höheren Treibhauseffekt auslöst als Kohlendioxyd, würde dies eine Kettenreaktion auslösen: Die Freisetzung einer bestimmten Menge von Methangas würde die globale Erwärmung beschleunigen; die Aufheizung der Erdatmosphäre wiederum würde das Abschmelzen des arktischen Eises verstärken und damit die weitere Freisetzung von Methangas, was den Teufelskreis insgesamt weiter vorantriebe. Ob die Methankatastrophe nun stattfinden wird oder nicht – fest steht, dass der Anstieg der durchschnittlichen Welttemperatur das Klima verrückt spielen ließe. Während sich der größte Teil der Welt wesentlich erwärmen würde, könnten die Temperaturen in Teilen Europas und an der Ostküste Nordamerikas sogar dramatisch fallen und sich sogar einer neuen Eiszeit annähern. Dieses Szenario ist nach einer neuen Studie des Internationalen Geosphäre-Biosphäre Instituts in Schweden vom Januar 2004 denkbar, wenn sich der Golfstrom aufgrund des Schmelzens der Eiskappe in der Arktis verändert und er als kaltes Wasser in den Ozean um Grönland fließt. In diesem Falle würde der Golfstromeffekt, der bisher warmes Wasser und damit warme Luft in weite Bereiche der nördlichen Hemisphäre bringt, schlicht ausfallen. Dies könnte die Temperaturen in den betroffenen Regionen innerhalb von nur wenigen Jahren drastisch sinken lassen. Das Klima Großbritanniens, Nordeuropas und der amerikanischen Nordostküste gliche sich jenem von Lappland an. Parallel dazu gäbe es im Bereich des Äquators keinen Regen mehr und Dürre würde sich in den wärmeren Regionen breit machen. Eine neue Eiszeit in Europa und Nordamerika bei gleich-

zeitiger dramatischer Aufheizung des Klimas in vielen anderen Regionen würde die Lebensbedingungen für die Menschheit in ihren Grundfesten erschüttern. An vielen Orten würden Ernten plötzlich ausfallen, Wälder würden von Feuerstürmen verzehrt, Grasland würde austrocknen, viele weitere Tierarten würden verschwinden und in tropischen Zonen würden sich erneut Epidemien wie Cholera, Malaria und Gelbfieber ausbreiten und die Bevölkerung dezimieren.

Es kann keine sicheren Prognosen darüber geben, wann sich derart dramatische Klimaveränderungen ergeben, aber es besteht die Möglichkeit, dass dies bereits in diesem Jahrzehnt geschieht oder auch erst in 50 Jahren. Nur eines steht fest: Wenn wir nicht sofortige und tief greifende Maßnahmen in die Wege leiten, um die Integrität unserer lebenserhaltenden Systeme sicherzustellen, werden solche Klimaveränderungen früher und drastischer kommen.

Zusammengefasst bedeutet dies: Unser globales Dorf ist höchst ungerecht und weder ökonomisch noch ökologisch nachhaltig. Diese Situation kann nicht unbegrenzt fortbestehen. Wir erreichen entweder ein höheres Niveau an Nachhaltigkeit oder wir riskieren große Zerstörungen. Der Unterschied zwischen einer friedlichen und nachhaltigen Zukunft und einer Zukunft in Gewalt und Zusammenbrüchen wird buchstabiert durch die Art und Weise, wie Sie und ich denken und handeln.

100 Nobelpreisträger erklärten zum Abschluss der 100-Jahr-Feier des Nobelpreises im Dezember 2001: »Die größte Gefahr für den Weltfrieden wird in den kommenden Jahren nicht von irrationalem Handeln von Staaten oder Individuen ausgehen, sondern von den legitimen Forderungen der Besitzlosen. ... Wenn wir es erlauben, dass sich in einer so leicht entzündlichen Landschaft menschlicher Not die zerstörerische Kraft moderner Waffen verbreitet, laden wir zu einer Feuersbrunst ein, die Arme und Reiche gleichermaßen verschlingen kann.« Die Wissenschaftler schlossen mit den Worten: »Um in dieser so

grundlegend veränderten Welt überleben zu können, müssen wir lernen, in einer grundlegend neuen Weise zu denken.«

Die Schlussfolgerung der Nobelpreisträger lässt Einsteins legendären Satz nachhallen: »Wir können ein Problem nicht mit derselben Art des Denkens lösen, durch die das Problem entstanden ist.« Die dringend erforderliche weltweite Verwandlung ruft nach positiven Veränderungen in unserem Denken. Ein neues Denken samt den ökonomischen, sozialen und ökologischen Verhaltensweisen, die daraus hervorgehen werden, zählt zu den »weichen« Faktoren im Leben einer Gesellschaft. Doch diese haben heute mehr Gewicht als »harte« Faktoren wie Geld und Macht. Diese weichen Faktoren machen heute den Kern und die entscheidende Bedeutung der Macht jedes Einzelnen aus.

Keine harten Interventionen von oben nach unten, sondern ein werteorientierter Wandel, der von unten nach oben »durchsickert«, kann die Welt auf den Weg zu Frieden und Nachhaltigkeit führen. Wie Michail Gorbatschow es in seiner Einleitung deutlich macht: Nachdem alles gesagt und getan ist, hängt die Zukunft allein vom Individuum ab. Gut informiert und mit verantwortungsvollem Denken und Handeln können Sie, lieber Leser, die Welt verändern. Sind Sie bereit?

2 Die Wahl unserer Zukunft: Zusammenbruch oder Durchbruch?

Natürlich ist nicht nur eine Form von Zukunft möglich, sondern es gibt viele Formen. Letztlich können wir zu einem völligen Zusammenbruch kommen, aber ebenso zu einem großartigen Durchbruch. Was wird geschehen? Noch steht dies nicht fest, sondern ist *unsere* Wahl. Wir sollten uns diese höchst unterschiedlichen Szenarien Schritt für Schritt näher ansehen.

Die Startbedingungen

Die kritische ökonomische, soziale und kulturelle Lage

- Wachsender Bevölkerungsdruck: Jedes Jahr kommen 77 Millionen Erdenbewohner hinzu, 97 Prozent davon in den armen Ländern.
- Zunehmende Armut: 2,8 Milliarden Menschen leben von täglich weniger als zwei US-Dollar, mehr als eine Milliarde davon unterhalb des Existenzminimums.
- Sich erweiternde Kluft zwischen reichen und armen Menschen sowie zwischen reichen und armen Ökonomien: 80 Prozent der Weltbevölkerung verbrauchen 14 Prozent der Güter und Dienstleistungen, während die 20 Prozent der Reichen den Großteil, nämlich 86 Prozent, beanspruchen.
- Wachsende Drohung eines sozialen Zusammenbruchs und Aufblühens blinder Gewalt in reichen wie armen Ländern.

- Religiöse Intoleranz: Irland, Türkei, Iran, Kaschmir, Mittlerer Osten …
- Fundamentalismus und Fanatismus: Bosnien, Irland, Irak, Afghanistan, Al Qaida …
- Nahrungs- bzw. Wasserknappheit, zum Beispiel in Afrika südlich der Sahara, China, Südasien, Mittelamerika …

Die kritische ökologische Lage

- Zunehmender Klimawandel mit extremen Hitze- und Kältewellen, gewaltigen Stürmen, verändertem Niederschlagsverhalten und einer neuen Eiszeit in Teilen Europas und Nordamerikas aufgrund des Ausbleibens des Golfstroms in Folge des Abschmelzens des Polareises
- Zunehmende industrielle, städtische und landwirtschaftliche Verschmutzung: veränderte chemische Zusammensetzung der Erdatmosphäre, Verarmung der landwirtschaftlichen Nutzflächen, Senkung und Vergiftung des Grundwasserspiegels
- Zunehmende Entwaldung und Reduktion der Biodiversität: Verschwinden der tropischen Regenwälder, Verlust ungezählter Arten, Ausbreitung von Monokulturen auf landwirtschaftlich nutzbaren Flächen
- Ansteigen des Meerwasserspiegels: Verlust von niedrig gelegenen Küsten- und Flusslandschaften in Südasien, Überflutung von Inselstaaten im Pazifik und Bedrohung von Küstenstädten in aller Welt

Szenarien eines Zusammenbruchs

2005–2015: Die ökonomische, soziale und kulturelle Dimension

- Ein Fundamentalismus, der sich aus der Wahrnehmung tiefer wirtschaftlicher und sozialer Ungerechtigkeit speist, löst »Heilige Kriege« in der muslimischen Welt aus.
- Terrorismus sowie der Kampf gegen Terroristen und Staaten, die mit Terrorismus in Verbindung gebracht werden, schaukeln sich gegenseitig hoch.
- Das nordatlantische Bündnis, das bisher Europa, die USA und Russland miteinander verband, zerbricht.
- Frankreich, Deutschland, Russland und China bilden eine neue Koalition, um die wahrgenommene militärisch-ökonomische Hegemonie der USA auszubalancieren, und werden dabei von Brasilien, Indien, Südkorea und anderen aufholenden Staaten unterstützt.
- Ein neuer militärischer Aufrüstungswettbewerb kommt in Gang zwischen den USA und ihren Alliierten auf der einen und der neu entstehenden Allianz auf der anderen Seite.
- Weltweite wirtschaftliche Stagnation, verbunden mit einem Unilateralismus der USA, der globale Vereinbarungen unterläuft und wieder mehr mit bilateralen und regionalen Vereinbarungen operiert, lähmt den IWF und die Welthandelsorganisation, provoziert Handelskriege und trägt zu einer dramatischen Destabilisierung der Weltwirtschaft bei.
- Bestehende Handelsvereinbarungen zwischen Nord und Süd werden aufgehoben, der Handel zwischen Nord und Süd wird unterbrochen. Das internationale Wirtschafts- und Finanzsystem versinkt in chaotischen Zuständen.
- Korruption und organisierte Kriminalität greifen auf allen Kontinenten um sich.

2005–2015: Die ökologische Dimension

- In Asien, Afrika und Lateinamerika greifen Kriege um den Zugang zu frischem Wasser und zu Hauptnahrungsmitteln um sich.
- Hunger und sanitäre Probleme lassen HIV/AIDS und andere Epidemien wachsen.
- Eine drastische Erderwärmung bei gleichzeitiger neuer Eiszeit in Europa und Nordamerika sorgt für Millionen von Klimaflüchtlingen aus überfluteten Küstenstädten und tief gelegenen Regionen, aus neuen Dürregegenden oder aus dem »erkalteten Norden«.
- Weitere große Menschenströme aus verarmten Regionen machen sich auf den Weg.

2015–2020: Ein globaler Holocaust

- Politische und wirtschaftliche Konflikte zwischen dem US-dominierten Bündnis und einem neu entstehenden militärisch-ökonomischen Alternativbündnis erreichen einen kritischen Punkt. Die Rüstungslobby auf beiden Seiten übt Druck zum Einsatz von Massenvernichtungswaffen aus.
- In Ländern, die von den globalen wirtschaftlichen und sonstigen Krisen besonders hart betroffen sind, kehren autoritäre Regime zurück und unterstützen neue Formen einer asymmetrischen Kriegsführung zwischen »den Guten« und »den Bösen«.
- Neue regionale Kriege brechen an traditionellen Krisenherden aus und weiten sich auf die Nachbarregionen aus.
- Die wichtigsten Militärmächte setzen zunehmend High-Tech-Waffen ein zur Durchsetzung ihrer wirtschaftlichen und politischen Ziele.
- Einige der neu aufkommenden Militärregime reagieren auf

Konflikte mit nuklearen, chemischen und biologischen Waffen.
- Kriege mit konventionellen und nichtkonventionellen Waffen eskalieren auf globaler Ebene. Das Weltwirtschafts- und Weltfinanzsystem driftet in chaotische Zustände ab, politische Beziehungen brechen zusammen und Anarchie und Zerstörung greifen um sich.
- Etwa ein Drittel der Weltbevölkerung ist heimatlos, zwei Drittel verfügen über keinen gesicherten Zugang zu Nahrung und sauberem Wasser. Die Verzweiflung der Menschen steigt ins Unermessliche.

Szenarien eines Durchbruchs

2005–2015: Die ersten Schritte zu einem Durchbruch

- Die Erfahrungen von Terrorismus und Krieg, Bevölkerungsdruck, Armut, Fanatismus und die unterschiedlichen ökologischen Bedrohungen und Katastrophen lösen positive Veränderungen in der Denkweise der Menschen aus. Der Gedanke, dass die Menschen selbst zu aktiven Akteuren für den Wandel zu einer friedlichen und nachhaltigen Welt werden, fasziniert immer mehr Menschen und greift in allen Gesellschaften der Welt um sich. Menschen schließen sich über die bisherigen Grenzen unterschiedlicher Kulturen und Lebensstile zusammen, um die globalen Herausforderungen gemeinsam anzugehen.
- Ein neues Erstarken der Friedensbewegung und von Bewegungen für internationale Kooperation, Verständigung und Ausgleich führt zur Wahl einer neuen Generation von politischen Führern, die diesen Zielen nahe stehen und auf dieser Grundlage Initiativen ergreifen für neue globale Vereinba-

rungen in den Bereichen Friedenssicherung, Nachhaltigkeit sowie sozialer Ausgleich.
- Lokale, nationale und globale Führungskräfte der Wirtschaft unterstützen neue Strategien, die das Streben nach Gewinn und Wachstum mit der Suche nach einer neuen Form von sozialer und ökologischer Verantwortung der Unternehmen verbinden wollen.
- Nichtregierungsorganisationen vernetzen sich durch das Internet und entwickeln gemeinsame Strategien zur Wiederbelebung dezentraler Wirtschafts- und Sozialstrukturen und fördern eine sozial und ökologisch verantwortungsvolle Politik in den Kommunen und Nationen sowie in den Unternehmen.
- Ein Weltzukunftsrat der Nichtregierungsorganisationen wird etabliert und gleichzeitig ein E-Parlament, das alle Parlamentarier der Welt miteinander verbindet für Debatten über die besten Wege zur Umsetzung gemeinsamer Interessen.

2010–2015: Die Konturen für globalen Frieden und Kooperation kristallisieren sich heraus

- Nationale Haushalte – und Kapital generell – werden weniger für militärische und Verteidigungszwecke eingesetzt, um die frei werdenden Mittel in die Überwindung der Armut im eigenen Land sowie international zu investieren.
- Eine Bewegung zur Förderung lokaler und regionaler Entwicklung gewinnt an Stärke, um die einseitigen Formen der Globalisierung wieder ins Lot zu bringen durch die effiziente Nutzung der menschlichen, natürlichen und finanziellen Ressourcen auf regionaler Ebene.
- Grundlegende Reformen des Weltfinanzsystems werden auf den Weg gebracht: Eine reformierte Weltbank und ihre Partnerorganisationen bringen eine Weltwährung in Umlauf, mit

der ein gleichwertigerer Geldfluss zwischen den bisher so unterschiedlich entwickelten Ökonomien in Gang kommt.
- Unternehmer und Manager aus aller Welt tun sich zusammen, um aus eigener Initiative für die Etablierung der Rahmenbedingungen für eine sich selbst regulierende ökosoziale Marktwirtschaft zu sorgen – eine Form der Marktwirtschaft, die für alle Menschen und Regionen der Erde einen fairen Zugang zu den grundlegenden Gütern sicherstellt.
- Ein weltweites Programm zur Förderung von regenerativen Energieformen wird entwickelt, um einer dritten industriellen Revolution den Weg zu bereiten. Diese nutzt Solar- und andere regenerative Energien für die Transformation der Weltwirtschaft und die Befreiung bisher an den Rand gedrängter Teile der Weltbevölkerung aus den brutalen Kreisläufen der Armut.
- Landwirtschaft wird wieder in die Lage versetzt, die Basis der Ökonomie zu sein, nicht nur für die Bereitstellung gesunder Nahrung, sondern für nachwachsende Energieträger und für Rohmaterial für viele Branchen.

2015–2020: Die Grundlagen für eine nachhaltige Welt entstehen

- Regierungsstrukturen werden auf lokaler, nationaler, kontinentaler und globaler Ebene reformiert. Ziel ist eine partizipative, weltumspannende Demokratie, die die Stimmen der Menschen hört und ihre kreativen Energien stärkt und nutzt.
- Ein auf weltweiten Konsens aufgebautes, global koordiniertes Rahmenwerk für eine ökosoziale Marktwirtschaft beginnt zu funktionieren.
- Internationales und interkulturelles Misstrauen, ethnische Konflikte, rassistische Unterdrückung, ökonomische Ungleichheit und die Ungleichbehandlung der Geschlechter ver-

schwinden zugunsten eines höheren Niveaus von Vertrauen und Respekt unter den Völkern und Kulturen der Welt und zugunsten einer größeren Bereitschaft zur Kooperation bei Projekten von gemeinsamem Interesse.*

Was sind Zeichen dafür, dass ein derartiges Szenario für einen weltweiten Durchbruch nicht länger eine Utopie ist? Die positiven Zeichen sind vorhanden, auch wenn sie noch nicht hinlänglich zu einer breiten öffentlichen Wahrnehmung gelangen und das politische und wirtschaftliche Gewicht erlangen, das sie verdienen.

- Nie zuvor bestand ein so hohes Maß an Betroffenheit über die Gefahren einer weiteren Vernachlässigung und Zerstörung der Natur und der Verschwendung der natürlichen Ressourcen.
- Nie zuvor hat die Bedrohung durch den Klimawandel so viele Menschen dazu bewegt, nach dessen Ursachen und Vermeidungsmöglichkeiten zu fragen.
- Nie zuvor haben so viele Menschen die »Weisheit« eines »Krieges gegen den Terror« hinterfragt, der Aggression und Terror mit noch mehr Aggression beantwortet.
- Nie zuvor haben so viele Akteure in der Wirtschaft so ernsthaft über die Notwendigkeit nachgedacht, zu Zielsetzungen der Nachhaltigkeit in ihren Unternehmensstrategien zu wechseln.
- Noch nie nahmen so viele Menschen einen Wechsel zu gesünderen und natürlicheren Lebensstilen, Essgewohnheiten und Kriterien ernst.

Die Umweltbewegung, die Friedensbewegung, die Bewegung für nachhaltige Unternehmensführung und die Bewegung für eine ganzheitliche Lebensführung – sie existieren und sie wachsen. Sie

---

* Die Vision im Kapitel »Ein Stern der Orientierung« vertieft das Szenario, wie sich eine positive Dynamik einer Denkwende entfalten kann.

könnten die Vorboten sein für eine Verwandlung in den zentralen Grundlagen der Zivilgesellschaft. Sie erzeugen und unterstützen eine zunehmende Überzeugung, die uns zu einer tief greifenden Transformation führen kann, die uns über jenen Punkt hinausführen kann, der den entscheidenden Unterschied zwischen dem Untergangs- und dem Durchbruchszenario bewirkt.

Diese zwei Szenarien illustrieren die beiden völlig unterschiedlichen Ergebnisse, die sich aus den heutigen nichtnachhaltigen Bedingungen ergeben können. Der Unterschied zwischen beiden besteht nicht in der Ausgangsbedingung – sie ist dieselbe: der Zustand der heutigen Welt. Der Unterschied besteht darin, wie die Menschen darauf reagieren. In den geschilderten Szenarien denken sie sehr unterschiedlich über die Welt und ihre persönliche Verantwortung für die Welt. Wie Einstein sagte: Nicht das Problem ist der entscheidende Faktor, sondern wie wir über das Problem denken.

In der heutigen Welt kann ein neues Denken den entscheidenden Unterschied ausmachen. So wie der Flügelschlag eines Schmetterlings in einem unstabilen Gleichgewicht sich zu solchen Auswirkungen aufbauen kann, dass dies zu einem Wetterumschwung in einer weit entfernten Weltregion führt, so kann der Schmetterlingseffekt unter Bedingungen mangelnder Nachhaltigkeit zu großen Wechseln im System führen. Die Gestalt der Welt von morgen wird entschieden durch unser Denken und Handeln von heute.

Zwei Wege des Denkens und Handelns

Im Laufe der Geschichte hatten die Menschen höchst unterschiedliche Bilder von sich und der Welt. Es existierten unterschiedliche Konzepte von Gesellschaft, Leben, Ehre und Würde. Sie differierten zwischen Ost und West ebenso wie zwischen den verschiedenen historischen Epochen des Altertums, des

Mittelalters und der Neuzeit. Noch bemerkenswerter sind jedoch die unterschiedlichen Denkkonzepte innerhalb der modernen industriellen Gesellschaften. Dies wurde kürzlich sichtbar durch eine umfassende Studie über Meinungen und Lebensweisen innerhalb der US-amerikanischen Gesellschaft.* Der überraschende Befund: Ein erstaunlich hoher Anteil der Amerikaner denkt bereits auf eine sehr neue Weise. Dies verdient eine detaillierte Untersuchung.

Die dominierende Kultur Amerikas ist die der »Modernisten«. Die Modernisten sind die treuen Anhänger der Konsumgesellschaft. Sie teilen die Logik, die jene zu dem machte, was sie ist: die stärkste Wirtschaftsmacht der Welt. Es ist die Kultur der Banken und Aktienmärkte, der Bürotürme und Massenfabrikationen. Es sind die Werte, die in den Wirtschaftsschulen und -instituten gelehrt werden. Im Jahr 1999, so ergab die Studie von Ray und Anderson, war dies die Kultur von 48 Prozent der US Amerikaner, also 93 der rund 193 Millionen Erwachsenen in den USA, darunter ein höherer Anteil an Männern als an Frauen. Das Familieneinkommen dieser Modernisten lag im Durchschnitt zwischen 40000 und 50000 US-Dollar im Jahr, also repräsentativ für die wohlsituierte Mittelschicht.

Während die Modernisten noch immer die amerikanische Gesellschaft dominieren, erfreut sich dennoch eine völlig andere Kultur in dieser Gesellschaft raschen Zuwachses: die Kultur der »Kreativen«. Bei der Untersuchung 1999 machten diese »Kulturkreativen«** immerhin bereits 23,4 Prozent der erwachsenen

---

* Paul H. Ray / Sherry Ruth Anderson, *The Cultural Creatives*, Harmony Books, New York, 2000.

** Paul H. Ray und Sherry Ruth Anderson verwenden den Begriff »Cultural Creatives«, weil sie damit zum Ausdruck bringen wollen, dass diese Menschen die traditionelle und moderne Kultur sowohl auf kreative Weise als auch in eine kreative Richtung verändern. Die dritte Kultur, die sie bei ihrer Studie innerhalb der US-Gesellschaft identifizierten, sind die »Traditionalisten«. Die Menschen dieser Kultur gehören im Durchschnitt eher der unteren Mittel-

Amerikaner aus, wobei der Anteil der Frauen doppelt so hoch lag wie der der Männer. Die Mehrheit der Kulturkreativen kommt aus der Mittelschicht und der Schicht der Wohlhabenden.
Menschen dieser beiden stark kontrastierenden Kulturen denken in sehr unterschiedlicher Weise, und daraus resultieren sehr unterschiedliche Lebensweisen.

Die »Modernisten«

Die Modernisten in den USA teilen eine Reihe der traditionellen Werte der Amerikaner: Sie glauben an Gott, an die Bedeutung von Ehrlichkeit, Familie und Erziehung sowie an eine faire Bezahlung für harte Arbeit. Aber sie teilen auch Werte und Glaubenssätze, die für eine positive Zukunft wenig hilfreich sind. Zu den Bestrebungen der Modernisten zählen:
- möglichst viel Geld haben beziehungsweise »machen«;
- die Leiter des Erfolgs erklimmen mit den dafür geeigneten Mitteln;
- gut und modisch aussehen;
- immer auf der Höhe der letzten Trends und Innovationen sein;
- gut unterhalten werden durch die Medien.

In der Regel sind Modernisten davon überzeugt, dass ...
- der menschliche Körper wie eine Maschine funktioniert;
- auch Unternehmen wie Maschinen funktionieren;
- entweder der starke Staat oder die stärksten Unternehmen am besten wissen, was gut für alle ist, und daher die Kontrollfunktion in der Gesellschaft innehaben sollen;

---

schicht an. Die Traditionalisten sind für die Frage der Wahl unserer Zukunft von geringerem Interesse, da es sich bei ihnen um eine langsam aussterbende Gruppierung innerhalb der Gesellschaft handelt.

- größer gleichzeitig auch besser bedeutet;
- alles, was gemessen werden kann, real ist;
- die Analyse der Einzelteile der beste Weg zur Problemlösung ist;
- Effizienz und Geschwindigkeit höchste Priorität haben, denn Zeit ist Geld;
- das Leben in unterschiedliche Sektoren untergliedert werden kann und soll: Arbeit, Familie, Soziales, Liebe, Erziehung, Politik und Religion;
- die Beschäftigung mit Spiritualität und den inneren Dimensionen des Lebens vage und daher unbedeutend ist für das wahre Geschäft des Lebens.

Die »Kulturkreativen«

Die Kulturkreativen treten für ein anderes Paket von Werten und Glaubenssätzen ein und nehmen dementsprechend andere Lebensstile an. Kulturkreative …
- kaufen und lesen mehr Bücher als Modernisten, sie hören mehr Radio, vor allem Nachrichten und klassische Musik, und schauen weniger Fernsehen.
- nehmen aktiv am Kunst- und Kulturleben teil und mischen sich ein – egal ob als Laie oder Profi;.
- sind tendenziell bei allem, womit sie konfrontiert sind, am *gesamten* Prozess, an der *ganzen* Wahrheit interessiert – sei dies bei Produktinformationen oder bei Zeitschriftenartikeln. Sie mögen keine oberflächliche Werbung, sondern möchten sowohl über Herkunft, Herstellungsweise und Herstellerfirmen als auch über die Entsorgung von Produkten informiert werden;
- möchten »authentische« Produkte und Dienstleistungen. Sie standen an der Spitze der Konsumentenrebellion gegen Fälschungen, Imitate, Wegwerfprodukte, Klischees oder lediglich Modisches;

- kaufen nicht impulsiv ein, sondern informieren sich vorab gründlich und versichern sich, dass sie auch das erhalten, was sie wollen. Sie kaufen nicht einfach blind die neuesten technischen Spielereien und Marktneuheiten. Für ihre Information nutzen sie immer mehr das Internet. Sie tendieren dazu, Innovatoren und Meinungsführer für solche Produkte zu sein, die gründliche Informationen geben, sowie für besonders informative Zeitschriften, für besonders gesunde Nahrungsmittel und Getränke usw.;
- schätzen Angebote, die ihre Erfahrungen erweitern, intensivieren, vergeistigen und beleben (Wochenend-Workshops, spirituelle Treffen, Kurse zur persönlichen Entwicklung, Erfahrungsurlaube etc.), mehr als bloße materielle Produkte;
- bauen seltener neue Häuser als Modernisten, weil sie die Bindung an einen fixen Ort als unpassend zu ihrem Lebensstil ansehen. Sie verzichten auf äußerliche Statussymbole, Zäune und abgrenzende Büsche und bevorzugen individuell gestaltete Räume;
- fühlen sich durch ihre ganzheitliche Lebensausrichtung gleichsam verbunden: Sie bevorzugen Naturprodukte, ganzheitliche Medizin, ganzheitliche Erfahrungen, ganzheitliche bzw. systemische Informationen und eine ganzheitliche Balance zwischen Arbeit, Spiel, Konsum und innerem Wachstum. Sie sehen sich selbst als Menschen, die zusammenführen und zusammenfügen und in diesem Sinne auch »heilen« wollen – und dies nicht nur auf der persönlichen Ebene, sondern auch in der Gemeinde, auf nationaler und globaler Ebene. Sie erwarten sich davon einen Wandel auf der Ebene der persönlichen Werte und des Miteinanders, woraus sich dann ein Wechsel von der heute fragmentierten, mechanistischen Kultur zu einer ganzheitlichen Kultur ergeben kann.

In den USA wächst der Anteil der Kulturkreativen in der Gesellschaft überraschend schnell. Im Jahr 1965 waren es noch fünf Millionen Erwachsene, heute sind es 50 Millionen. Eine ähnliche »Kultur der Kreativen« wächst auch in anderen Teilen der Welt heran. Eine Untersuchung der EU in 15 ihrer Mitgliedsstaaten über die dort dominierenden Lebensstile ergab sehr ähnliche Proportionen wie in den USA.*

Dies sind hoffnungsvolle Entwicklungen. Menschen, die bereits dieser neuen Kultur angehören oder einen Einstieg in diese gefunden haben, belasten die Umwelt deutlich weniger als der Rest der Gesellschaft, sie sind offener für das Verständnis und die Kooperation mit anderen. Ihr Lebensstil ist bescheidener, nicht weil sie weniger Geld zur Verfügung hätten, sondern weil sie aus innerer Überzeugung Einfachheit und Authentizität bevorzugen. Der Planet kann mehr Kulturkreative als Modernisten vertragen, da sie weniger religiöse und kulturelle Konflikte verursachen, weniger Ressourcen verbrauchen und weniger ökologische Zerstörungen anrichten.

---

* Weitere vertiefende Studien in Zusammenarbeit mit Paul H. Ray und Sherry Ruth Anderson bereitet der Club of Budapest derzeit für Deutschland, Italien, Frankreich, Polen und Ungarn vor und ein weiteres Projekt für Japan ist in Planung. Aktuelle Informationen dazu finden sich unter www.club-of-budapest.org.

3 Denke verantwortungsvoll

Neue und bessere Denkweisen verbreiten sich über die Welt. Aber es ist noch keineswegs gesichert, dass sich diese schnell genug verbreiten, um ein negatives Szenario aufzuhalten. Wenn wir die Chancen, uns auf eine positivere Zukunft zuzubewegen, erhöhen wollen, müssen wir sicherstellen, dass wir zuerst in uns selbst das neue Denken aktiv aufnehmen.

Lassen Sie uns damit beginnen, unsere eigenen Überzeugungen zu überprüfen.

Wir alle tragen Überzeugungen in uns, ob wir uns dieser bewusst sind oder nicht. Manche Überzeugungen, an denen wir festhalten, sind obsolet. Sie passen nicht länger zu den Bedingungen in unserer Welt. Fragen Sie sich selbst: Halte ich an den in dieser Checkliste aufgeführten Überzeugungen fest?

- Wir alle sind voneinander abgegrenzte Individuen. Wenn wir miteinander kooperieren, dann deshalb, weil dies gelegentlich unseren Interessen dient.
- Es gibt nur ein Land und ein Volk, dem ich Loyalität schulde. Alle anderen sind Ausländer und Fremde, mit denen ich wenig zu tun habe.
- Der natürliche Platz der Frauen ist zu Hause. Am Arbeitsplatz sind sie gut für die Assistenz von Männern, für Ordnung und Reinlichkeit.
- Der Wert aller Dinge, auch der von Menschen, kann in Geld kalkuliert werden. Jede Ökonomie braucht Wachstum. Jeder Mensch möchte reich werden.
- Das Neueste ist stets auch das Bessere. Es ist wünschenswert und in der Tat auch notwendig, dass wir jeweils das neueste Produkt auf dem neuesten Stand der Technologie

kaufen. Dies lässt die Wirtschaft wachsen und jedem geht es besser.
- Die Zukunft liegt nicht in meiner Verantwortung. Warum sollte ich besorgt sein um die nächste Generation? Jede Generation wie jeder einzelne Mensch müssen für sich selbst sorgen.
- Die Krise in der Welt ist umkehrbar. Die Probleme, Anspannungen und Zusammenbrüche, die wir derzeit in Wirtschaft, Umwelt und im Zusammenleben der Menschen erleben, sind vorübergehende Zwischenspiele, nach denen sich alles wieder einpendeln wird. »Business as unusual« ist schlicht eine Abweichung von »business as usual« und wird früher oder später wieder von diesem zurückgeholt.

Kurzes Nachdenken wird uns lehren, dass solche Überzeugungen obsolet geworden sind.

Wenn wir uns als isolierte Individuen sehen, abgetrennt von der sozialen und natürlichen Welt, in der wir leben, verwandelt dies unseren natürlichen sozialen Impuls in einen kurzsichtigen Kampf unter immer ungleicheren Wettbewerbern. In der heutigen Welt, in der gleichzeitig Ungleichheit wie Abhängigkeit rapide zugenommen haben, bedeutet ein solcher Kampf ständig wachsende Unfairness und eine ständig wachsende Bedrohung für alle.

Wenn wir daran glauben, nur einem Land und einem Volk Loyalität zu schulden, so ist dies ein sehr enges Verständnis von Patriotismus. Er ließe außer Acht, dass wir gleichzeitig mehreren Sphären und Gemeinschaften angehören: einem Dorf oder einer Stadt, einem Geschäft oder einer Firma, einer Kultur oder ethnischen Gruppe und einer Nation. Einige dieser Gruppierungen und Gemeinschaften sind Teil unseres Landes, andere existieren unabhängig von diesem. In einigen Teilen der Welt bestehen regionale Einheiten, die ebenfalls unserer Loyalität bedürfen, zum Beispiel die Europäische Union. Und gleichzeitig gehören wir alle zur aufkommenden globalen Gemeinschaft.

Wenn wir unsere vielfachen Verbindungen in dieser eng verwobenen Welt zugunsten einer einzigen Loyalität ignorieren, reduzieren wir die Sphären unseres möglichen Reichtums und unserer möglichen Teilhaberschaft und unterdrücken unsere weiterreichenden Identitäten.

Wenn wir Frauen am Arbeitsplatz in sekundäre Aufgaben verbannen, ignorieren wir deren enorme und gerade heute besonders benötigten Fähigkeiten, die Dinge in ihren Kontexten zu sehen, und können diese Fähigkeiten nicht nutzen. Frauen treten für die Berücksichtigung »weicher« Faktoren wie Werte, Ethik, Fürsorge und Nachhaltigkeit ein – Komponenten, die in einer unstabilen und krisenanfälligen Welt besonders unverzichtbare Erfolgsfaktoren sind.

Die Reduzierung von allem und jedem auf einen ökonomischen Wert mochte Sinn machen in einer Zeit, als schnelles ökonomisches Wachstum alles in den Hintergrund drängte. Aber in einer Welt, in der das Glück der Menschen offensichtlich immer mehr von nichtmateriellen Werten abhängt, in der immer mehr Menschen einen einfacheren Lebensstil und einen maßvolleren Konsum suchen, in einer solchen Welt wird eine rein ökonomistische Sicht der Dinge obsolet.

Die Anbetung des Neuen resultiert aus dem Irrglauben, dass alles, was neuer, teurer, energie- und materialintensiver ist, auch besser sein müsse. Dies führt zu einer Anhäufung von überflüssigen Dienstleistungen und verschwenderischen Gütern, die das Leben nur komplizierter, stressvoller und ungesünder machen.

Ein Leben ohne bewusste Beziehung zu unserer Zukunft war problemlos zu Zeiten von Stabilität und Wachstum, als jede Generation sicher sein konnte, ein gutes Leben für sich gestalten zu können. Aber eine solche Haltung ist verantwortungslos in einer Welt, in der unser Lebensstil, unsere Art des Konsums, unsere Art von Forschung und Technik und unsere Art von internationaler Konfliktlösung einen maßgeblichen, wenn nicht irreparablen Einfluss auf die Lebensbedingungen unserer Kinder haben. Und nicht zuletzt bedeutet der Glaube, nichts würde sich wirklich ändern, dass wir uns dadurch lernunfähig machen gegenüber einer sehr lebendigen Welt, die gerade jetzt rasante Verwandlungen durchmacht, ob wir dies nun erkennen oder nicht.

Einige Überzeugungen sind zwischenzeitlich zu einer echten Gefahr für das Überleben der Menschheit geworden.

Fünf gefährliche Überzeugungen

1. Die neolithische Illusion: »Die Natur ist unerschöpflich«

Der Glaube, dass die Natur eine unendliche Quelle an Ressourcen ist und ein unendlich großes Auffangbecken für unsere Abfälle, reicht Jahrtausende zurück. Es konnte den Menschen des alten Babylon, Sumer, Ägypten, Indien und China nicht ersichtlich sein, dass die sie umgebende Welt irgendwann nicht mehr in der Lage sein könnte, sie mit so selbstverständlichen und notwendigen Dingen wie genießbaren Pflanzen, einheimischen Tieren, sauberem Wasser und atembarer Luft zu beliefern, oder dass die Welt an unseren überbordenden Abfällen ersticken könnte.

Der klassische Glaube an die Unerschöpflichkeit der Natur war verständlich und relativ harmlos. In fast allen Teilen der Welt haben die Menschen die Grenzen der Natur, verbrauchte Ressourcen zu regenerieren, nicht überschritten. Sie lebten in einer dauerhaften Balance mit ihrer Umwelt. Dies änderte sich erstmals vor 10 000 Jahren. In der Wiege der westlichen Zivilisation waren die Menschen plötzlich nicht mehr damit zufrieden, mit dem Rhythmus und den Zyklen der Natur zu leben. Sie suchten, die Naturkräfte den eigenen Zielen gefügig zu machen. Bereits bei den Sumerern führte dies zu dramatischen Konsequenzen:

In entwaldeten Landstrichen erodierten die Böden. Aus dem biblischen Land, in dem einst »Milch und Honig« flossen, wurde der Mittlere Osten, so wie wir ihn heute kennen: eine Region der Sandwüsten. Dennoch kam den Menschen die Einsicht, dass die Natur nicht beliebig belastbar und verschmutzbar ist, erstmals mit dem Buch von Rahel Carson *Der stumme Frühling* in den 70er Jahren.

Im Altertum konnten die Menschen weiterziehen, konnten neues Land kolonisieren und frische Ressourcen ausbeuten. Heute gibt es aber kein Land mehr, in das wir weiterziehen könnten. In einer industriellen Zivilisation, die sich weltweit ausgebreitet und machtvolle Technologien ausgebildet hat, ist der Glaube an die Unerschöpflichkeit der Natur extrem gefährlich. Er lässt der Übernutzung der Böden freien Lauf und entfesselt eine gedankenlose Beeinträchtigung der natürlichen Ressourcen sowie der Fähigkeit der Natur zur Regeneration. Wenn wir diesen neolithischen Glauben nicht überdenken, wird er die Natur dazu bringen, dass sie ihre Fähigkeit verliert, die Menschheit auch nur mit den grundlegendsten Gütern zu befriedigen.

Die Zeichen für eine zunehmende Ressourcenknappheit sind untrüglich, und dennoch werden sie häufig ignoriert. Immer mehr Kapital, menschlicher und finanzieller Einsatz sind nötig, um Waren bereitzustellen, deren Herstellung auf immer seltener werdenden Ressourcen beruht, die von immer größeren Distanzen herbeigeschafft werden und in immer knapperen Dosierungen verwendet werden müssen. Immer mehr muss dafür eingesetzt werden, um Verluste auszugleichen für Leistungen, die zuvor von der Natur kostenlos erbracht wurden wie Abwasseraufbereitung, die Reinigung von Luft und Wasser, der Schutz vor Flut und Pestiziden, die Bewahrung der Artenvielfalt und die Restauration von Bodennährstoffen. Immer mehr Technologien müssen entwickelt werden, um uns den Zugang zu einer immer geringeren Qualität von Produkten zu erhalten, deren höhere Qualität wir zuvor schonungslos ausgebeutet haben.

Die zunehmende Übernutzung natürlicher Ressourcen hat Einfluss auf die Gesundheit und das Überleben der menschlichen Spezies. Wir sind gegenwärtig Zeuge einer steigenden Zahl von immer verheerenderen Naturkatastrophen und diese Art von Katastrophenwachstum hat offensichtlich zu tun mit der beeinträchtigten Belastbarkeit der Ökosysteme. Wenn wir so weitermachen, wird es in wenigen Jahrzehnten nicht mehr genug zu essen geben für alle Menschen auf der Erde. Heute haben wir drei Milliarden Menschen, die unterernährt sind, und wenn wir einst bei 12 Milliarden Erdenbürgern angekommen sein werden (das wird voraussichtlich um das Jahr 2054 der Fall sein, spätestens 20 Jahre später), dann kann sich diese Zahl verdoppeln. Da mehr als 99,8 Prozent der menschlichen Ernährung von landwirtschaftlichen Flächen kommt, wird dies nicht reichen, wenn die Ernte weiterhin so langsam wächst wie gegenwärtig. Selbst bei der sehr optimistischen Annahme, dass die Erosion der Kulturfläche und der Verlust an Ackerland gestoppt werden können, wird die Fähigkeit der Natur, den Menschen zu ernähren, ernsthaft gefährdet.

2. Sozialdarwinismus:
Die Ideologie des Überlebenskampfes

Diesem uralten Glauben wurde frische Substanz verliehen durch Darwins Theorie der Evolution durch natürliche Selektion. Die Anwendung des darwinschen Konzepts auf das Zusammenleben der Menschen (bekannt als »Sozialdarwinismus«) besagt, dass auch in der menschlichen Gesellschaft nur der Fähigste überlebt, genauso wie in der Natur. Das bedeutet, dass wir uns fit machen müssen für den Überlebenskampf, wenn wir überleben wollen – fitter als unsere Konkurrenten. Unsere Fähigkeit zum Überleben in der menschlichen Gesellschaft ist jedoch nicht durch unsere Gene bestimmt, sondern vielmehr durch unsere persönlichen oder kulturellen Charakterzüge. Nach der sozialdarwinistischen Sichtweise stehen dabei Züge wie Cleverness, Wagemut oder Ambitioniertheit im Vordergrund oder die Fähigkeit, Geld zu horten und andere für sich arbeiten zu lassen.

In den 30er und 40er Jahren des vergangenen Jahrhunderts inspirierte der Sozialdarwinismus die Nazi-Ideologie. Er rechtfertigte die Eroberung fremder Territorien im Namen der Schaffung von Lebensraum für Deutschland und fand seine Fortführung in der Rechtfertigung des Genozids an Juden, Slawen und Zigeunern – es galt, die »rassische Reinheit« und »Überlebensfähigkeit« der arischen Rasse zu erhalten. Heute hat sich der Sozialdarwinismus der Genozide und bewaffneten Aggressionen in subtilere Formen verwandelt, die jedoch kaum weniger gnadenlos sind: in den Kampf der Konkurrenten auf den globalen Märkten. In diesem Überlebenskampf gewinnen Unternehmensleiter, internationale Financiers und Spekulanten. Sie werden extrem reich und mächtig. Aber die Konsequenzen, dass die Kluft zwischen Reich und Arm Frustrationen erzeugt, die ihrerseits Gewalt hervorbringen, werden geflissentlich übersehen. Die ökonomische Variante des Sozialdarwinismus ist fast genauso gefährlich wie seine militärische.

3. Marktfundamentalismus: Um welche Frage es auch geht, der Markt ist die Antwort

In der industrialisierten Welt erhebt dieser Glaube den Markt in den Status einer Gottheit. Unsere politischen und wirtschaftlichen Führer akzeptieren Umweltverschmutzung und globale Erwärmung als die unvermeidbaren Kosten des Wettbewerbs der Märkte, und unsere Wirtschaft opfert diesem Wettbewerb Bauern und Ackerland, Wälder, Weideland und Prärien, Ökosysteme und Flusslandschaften. Doch davon abgesehen verteilt der Markt die Gewinne, und wenn ein Marktteilnehmer und eine Ökonomie dies in erfolgreicher Weise umsetzen, werden die anderen Marktteilnehmer und Ökonomien deren Erfolgsrezepte nachahmen.

Die »Ideologie des Marktes«, die in der Praxis längst zu einem »Götzendienst des Marktes« mutierte, beruht auf einer handvoll grundlegender Glaubenssätze:

- Alle menschlichen Bedürfnisse und Wünsche können in Geldwerten ausgedrückt werden und können den Markt betreten in der Form einer Nachfrage mit dem korrespondierenden Angebot. Die Befriedigung der Nachfrage beflügelt die Wirtschaft und ist gut für jedermann.
- Die menschlichen Bedürfnisse und Wünsche, aus denen die Nachfrage entsteht, sind grundsätzlich unbegrenzt: Es gibt keine unüberwindbaren menschlichen, finanziellen oder natürlichen Grenzen für die Umwandlung von Bedürfnissen und Wünschen in kaufbare Verbrauchsgüter.
- Wettbewerb auf einem offenen Markt ist sowohl notwendig als auch gut: Es ist das beherrschende Prinzip aller wirtschaftlichen und sozialen Beziehungen.
- Die Freiheit des Wettbewerbs auf dem Markt ist die Basis für menschliche Freiheit und die Grundlage für soziale und wirtschaftliche Gerechtigkeit.

Dies sind die Lehrsätze des Marktfundamentalismus – und sie sind falsch. Sie lassen außer Acht: *erstens,* dass wir auf einem begrenzten Planeten leben mit begrenzten menschlichen und natürlichen Ressourcen und einer begrenzten Kapazität, den Abfall und die Verschmutzung, die mit fast jeder industriellen Produktion einhergehen, zu absorbieren; und *zweitens,* dass Wettbewerb immer die Reicheren auf Kosten der Ärmeren bevorteilt. Jeder Mensch weiß um die ungünstigen Effekte von Abfall und Verschmutzung. Wir nehmen sie wahr am Klima, an der Qualität unserer Luft, unseres Wassers und unseres Landes und an der Regenerationsfähigkeit unseres Ackerlandes, unseres Weidelandes, unserer Fischgründe und unserer Wälder. Andererseits wissen Ökonomen selbst, dass der Markt als Verteilsystem nur unter der Voraussetzung einer fast perfekten Konkurrenz funktioniert, wenn das Spielfeld eben ist und alle Mitspieler über etwa gleich viele Spielsteine verfügen. Doch in der heutigen Welt sind wir sehr weit entfernt von einem ebenen Spielfeld und gleichen Bedingungen für alle Mitspieler. Wer den Markt betreten will, braucht Geld, aber Kredit erhält nur jener, der bereits über Geld oder geldwerten Ersatz verfügt.

Marktfundamentalismus ist ein gefährlicher und letztlich tödlicher Glaube. Unser wunderbarer, aber begrenzter Planet setzt einem rein quantitativ orientierten Wachstum Grenzen und der offene Markt rast mit Volldampf diesen Grenzen entgegen. Er macht dabei die Reichen reicher und lässt das Heer der Armen anschwellen. Es ist kaum überraschend, dass uns der Marktfundamentalismus vor immer mehr Ressourcen- und Umweltprobleme stellt und dass die reichsten 20 Prozent der Weltbevölkerung 90-mal mehr verdienen als die ärmsten 20 Prozent.

4. Konsumismus:
»Je reicher, desto besser«

Dieser typisch moderne Glaubenssatz rechtfertigt den Kampf um Profit und Reichtum. Er geht davon aus, dass die Größe des Geldbeutels, des Autos und des Hauses der Größe des Reichtums seines Besitzers entsprechen müsse.

Dass finanzieller Reichtum gleichbedeutend sei mit menschlichem Reichtum, dieser Glaubenssatz wurde von der Wirtschaft konsequent angefeuert. Unbegrenzter Konsum galt als wünschenswert und ideal für die Wirtschaft, insbesondere wenn er offen zur Schau gestellt wurde. Der Ökonom Victor Lebov schrieb Mitte des vergangenen Jahrhunderts: »Unsere höchst produktive Wirtschaft erfordert, dass wir Konsum zu unserem

Lebensstil machen, dass wir Kaufen und Verbrauchen in Rituale verwandeln, dass wir unsere geistige und persönliche Befriedigung im Konsum suchen. Die Wirtschaft braucht es, dass wir konsumieren, begehren, abnutzen, ersetzen, ausrangieren – in immer schnellerem Tempo.«*

Heute wissen wir, dass dieses klassische Verständnis von Konsumismus zu einem Konsumterror und einem Ressourcenverbrauch führt, die weder gesund noch nachhaltig sind. Die rein quantitativ ausgerichteten Formen wirtschaftlichen Wachstums befriedigen weder die inneren Wünsche des Menschen, noch sind sie vereinbar mit dem Gebot der Nachhaltigkeit. Die grenzenlose Anhäufung von Reichtum in einer nationalen Ökonomie wie auch bei Individuen ist weniger ein Zeichen von Charakter und Stärke, sondern eher von Unreife und Unsicherheit.

5. Militarismus:
»Der Weg zum Frieden führt über Krieg«

Die alten Römer formten den Spruch: »Wenn Du Frieden willst, bereite den Krieg vor.« Dies passte zu ihrer Situation und zu ihren Erfahrungen: Sie hatten ein riesiges Imperium mit rebellischen Rassen und Kulturen innerhalb seiner Grenzen und barbarischen Stämmen an seinen Rändern. Um dieses Imperium zu erhalten, bedurfte es einer konstanten und wachsamen Demonstration militärischer Macht. Heute hat sich das Wesen der Macht grundlegend verändert, aber der Glaube über die Rolle von Kriegen ist weitgehend der Gleiche geblieben. Ähnlich wie Rom in der Antike sind die USA eine globale Macht, aber im Unterschied zu Rom beruht die Macht der USA nicht in erster Linie auf dem Militär, sondern auf der Wirtschaft. Wenn sie diese dauerhaft erhalten will, erfordert dies keine militärische

---

* Zitiert nach Alan Durning, *How Much is Enough?*, Norton, 1992.

Durchsetzungskraft, sondern faire und nachhaltige Beziehungen zwischen der verbliebenen Supermacht und dem Rest der internationalen Gemeinschaft.

Der Einsatz von bewaffneter Macht hat sich heute in ein zweischneidiges Schwert verwandelt. Militärische Macht kann nach wie vor Siege produzieren, sie kann aber nicht mehr Frieden erzwingen. Jeder Staat und jede sonstige Gruppierung können heute High-Tech-Waffen kaufen und sie in Guerillakriegen und terroristischen Akten einsetzen. Das Prinzip »Auge um Auge, Zahn um Zahn« macht heute alle Seiten blind und zahnlos.

In einer wirtschaftlich geteilten und hasserfüllten Welt ist die Investition in Rüstung und Krieg eine sehr ärmliche Wahl. Die weltweiten Militärausgaben verschlangen im Jahr 2003 die Summe von 956 Milliarden US-Dollar, wovon die Hälfte allein auf die USA entfielen, um damit den weltweiten Krieg gegen den Terror voranzutreiben sowie für lokale Einsätze etwa in Irak und Afghanistan. Doch all dies hat weder die Terroristen noch den Terrorismus noch die Massenvernichtungswaffen beseitigt, noch führte es irgendwo zu Frieden und Stabilität – weder auf dem Balkan noch in Zentralamerika noch in Afrika, noch im Nahen und Mittleren Osten.

Selbstverständlich ist Krieg nicht der einzige Weg, um Frieden und Stabilität zu erreichen. Die verschiedenen Organisationen der Vereinten Nationen errechneten, dass 19 Milliarden US-Dollar pro Jahr, eingesetzt über einen Zeitraum von zehn Jahren, ausreichen würden, um sicherzustellen, dass jeder Erdenbürger Zugang zu gesunder Nahrung, zu ausreichender gesundheitlicher Versorgung und zu geeigneten Sanitäreinrichtungen erhalten würde. 10 Milliarden US-Dollar würden ausreichen für die Bereitstellung von sauberem Wasser, 21 Milliarden für den Bau von festen Behausungen, 7 Milliarden für den Stopp der Abholzung, 8 Milliarden für die Vermeidung der globalen Erwärmung und 24 Milliarden für die Verhinderung weiterer Bodenerosion.

Die fünf todgefährlichen Glaubenssätze

1. Die neolithische Illusion
ist todgefährlich, denn wenn wir mit der Illusion fortfahren, dass die Natur unendlich und unerschöpflich ist, werden wir dem Planeten die Fähigkeit rauben, für alle grundlegenden Bedürfnisse der gesamten Menschheit zu sorgen.

2. Sozialdarwinismus
ist das naive Konzept, dass ungezügelter Wettbewerb das Gesetz des Lebens sei – in der Gesellschaft wie in der Natur selektiere es die Schwachen aus und sichere das berechtigte Überleben der Starken.

3. Marktfundamentalismus
glaubt daran, dass in der heutigen ungleichen Welt der Markt die Antwort auf jegliche Frage sei, und führt dadurch zur Überstrapazierung der kostbarsten Ressourcen für die Menschen und die Wirtschaft und verschärft die Kluft zwischen Arm und Reich.

4. Konsumismus
ist die Verrücktheit, dass menschliches Wohlergehen vom Konsum und Besitz materieller Güter abhängt. Er ist weder gesund noch nachhaltig, noch ein Grund für Nachahmung oder Bewunderung.

5. Militarismus
ist ein überholtes Konzept, da das Prinzip »Auge um Auge, Zahn um Zahn« uns in der heutigen Welt weder zu Frieden noch zu Stabilität führt, sondern uns nur blind und zahnlos macht.

Überholte Überzeugungen versorgen uns mit falschen Konzepten über den Menschen und die Natur. Sie wollen uns glauben machen, dass unsere Verantwortung mit der Befriedigung unserer Bedürfnisse und der Anforderungen unserer Wirtschaft ende – andere Menschen haben mit unseren Geschäften nichts zu tun und mit der Natur können wir machen, was uns gefällt. Solche Glaubenssätze machen uns blind für unsere Verantwortlichkeiten gegenüber der unteilbaren menschlichen Gemeinschaft, gegenüber der Biosphäre und gegenüber der lebenserhaltenden Umwelt. Wenn wir Teil der Lösung werden wollen anstatt Teil des Problems, müssen wir uns von solchen Glaubenssätzen befreien.

Rechte und Verantwortlichkeiten

Die internationalen Rechte, die im 20. Jahrhundert verkündet wurden – wie die Internationale Vereinbarung zu den bürgerlichen und politischen Rechten und die Internationale Vereinbarung zu den wirtschaftlichen, sozialen und kulturellen Rechten –, sind wichtige Meilensteine im Bemühen der internationalen Gemeinschaft um Fairness und Gerechtigkeit in der Welt. Bisher haben diese Vereinbarungen jedoch ihre Ziele noch nicht erreicht. Die Rechte sind universell, der *Respekt* ihnen gegenüber aber noch nicht – diese Glaubwürdigkeitslücke ist ein weiterer Mangel im Denken der gegenwärtigen Welt.
Offensichtlich sind einige der Grundrechte, die die internationale Gemeinschaft für sich als verbindlich angenommen hat, schwierig zu erreichen und kostspielig. Dies gilt *nicht* für die zivilen und politischen Rechte wie das Wahlrecht, das Recht auf freie Rede oder das Recht auf Freiheit von Folter. Diese grundlegenden Freiheitsrechte, die heute zu den anerkannten Spielregeln demokratischer Staaten gehören, sind *negative* Freiheiten: die Freiheit *von* Diskriminierung, Unterdrückung oder

willkürlicher Verhaftung. Sie rufen nach Beseitigung diktatorischer und repressiver Praktiken und erfordern vor allem *Akte der Unterlassung*. Ganz im Gegensatz dazu erfordert die zweite Art von Rechten – die wirtschaftlichen, sozialen und kulturellen Rechte einschließlich dem Recht auf Gesundheit, dem Recht auf Nahrung und dem Recht auf Arbeit – *positive* Freiheiten: die Freiheit *zu* einem Leben in geistiger Gesundheit, Würde und Wohlergehen. Diese Freiheiten erfordern vor allem die Erfüllung von Aufträgen und dies ist oft teuer und schwierig auszuführen. Auch demokratische Regierungen haben für sich allein genommen nicht die Mittel und die Macht, für alle ihre Bürger alle diese Freiheiten sicherzustellen. Sie brauchen dafür einen Konsens und die Kooperation mit der Zivilgesellschaft, insbesondere auch mit den Privatsektoren Handel, Finanzwirtschaft und Industrie.

Selbst ein flüchtiger Blick auf die Situation in der Welt zeigt, dass einige der negativen Freiheiten inzwischen relativ gut respektiert werden: In den meisten Ländern der Welt können die Menschen wählen und sich ohne Zensur artikulieren, Folter ist begrenzt auf einige wenige verbliebene repressive Regime. Auf der anderen Seite werden die positiven Freiheiten weitgehend vernachlässigt. Mit Ausnahme weniger kleinerer und prosperierender – darunter die nordeuropäischen – Länder fehlt es an den erforderlichen gemeinsamen Anstrengungen zur Umsetzung dieser Rechte. Der Respekt für das Recht jedes Menschen auf Nahrung, Unterkunft, Erziehung und Einkommen aus Arbeit ist jedoch die Voraussetzung dafür, eine positive Zukunft für alle Menschen sicherzustellen. Das 20. Jahrhundert mag in die Geschichte eingehen als das Jahrhundert der Rechte (und unglücklicherweise auch als Jahrhundert der Kriege und Zerstörungen), das 21. Jahrhundert jedoch muss das Jahrhundert der Verantwortung werden, wenn es ein Jahrhundert des Friedens oder überhaupt ein Jahrhundert des Überlebens der Menschheit werden will.

Werte und Ethik

In kritischen Zeiten ist Ethik von entscheidender Bedeutung. An Überzeugungen orientieren wir unser Denken, aber unsere Ethik lässt uns entscheiden, was wir tun.
Sofern wir nicht tief religiös, der Spiritualität zugeneigt oder philosophisch bewandert sind, sind wir uns über unsere Ethik und unsere Werte weit weniger bewusst als über unsere Überzeugungen. Das sollten wir ändern. Wir sollten uns der Frage stellen, ob die Ethik, die Werte, an denen wir festhalten, die richtigen sind für unsere heutige Welt. Ist das, was wir für gut halten, wirklich gut und wert, dass wir danach streben?
Was wir für gut und richtig halten, kann nicht »von oben« diktiert werden, von niemandem, seien es Eltern, Priester, Lehrer, Chefs oder politische Führer. Wir müssen über die Werte, denen wir folgen, selbst entscheiden. Und wir haben beträchtliche Spielräume hierfür. In demokratischen Gesellschaften kann eine große Vielfalt von Meinungen hochgehalten und eine Fülle von Zielen verfolgt werden. Aber es gibt eine Grenze in unserer Freiheit, Werte zu definieren: Was wir für gut und richtig halten, muss mit dem zusammenpassen, was gut und richtig für die Gemeinschaft ist, in der wir leben. Heute leben wir nicht nur in einer lokalen Gemeinschaft, einem Dorf oder einer Stadt. Wir leben nicht nur in einem Staat oder einer Nation, auch nicht nur in einer Region oder Kultur. Wir leben in einem interaktiven und interdependenten globalen Dorf. Unsere Ethik, unsere Werte müssen daher mit dem zusammenpassen, was gut und richtig ist für die Menschheit.
Aber von einigen beachtenswerten Ausnahmen abgesehen, fehlt in der Ethik der meisten Menschen die globale Dimension oder sie ist noch zu gering ausgebildet. Dies ist von großer Bedeutung für die Art und Weise, wie wir leben und wie wir erwarten zu leben. Wie wir gesehen haben, ist der ökologische Fußab-

druck der Menschheit größer, als das ökologische Gleichgewicht der Erde ihn zu tragen vermag, und dies »nur«, weil eine bestimmte Anzahl von Menschen jenseits des ihr zustehenden ökologischen Fußabdrucks lebt. Der individuelle Lebensstil ist oft global nicht nachhaltig.

Ohne eine globale Dimension in unserer Ethik gehen wir harten Zeiten entgegen. Eine Erklärung, die 1670 Wissenschaftler, darunter 102 Nobelpreisträger, abgegeben haben, macht diesen Punkt deutlich: »Ein großer Wandel ist erforderlich in der Art, wie wir unser Raumschiff Erde steuern, wenn wir eine riesige menschheitliche Tragödie noch vermeiden wollen und unser Heimatplanet nicht unwiderruflich unbewohnbar werden soll.«* Jene Wissenschaftler schließen ihre Erklärung mit der Feststellung, dass nur eine globale Ethik eine breite globale Bewegung dazu motivieren kann, widerwillige Führungspersönlichkeiten, widerwillige Regierungen und auch widerwillige Völker davon zu überzeugen, die notwendigen Wandlungsprozesse in Gang zu setzen.

Eine globale beziehungsweise planetarische Ethik ist keine parteiische Ethik, die nur einem Land oder einer Kultur dient. Ihr grundlegendes Prinzip ist die »Goldene Regel«: *Behandle andere so, wie Du selbst behandelt werden möchtest.* Dies ist eine universelle Regel, die in allen großen Religionen der Menschheit zum Ausdruck kommt. Im Christentum wurde sie von Jesus so formuliert: »Alles nun, was ihr wollt, dass euch die Leute tun sollen, das tut ihnen auch.« Im Judentum kommt dieselbe Regel im Talmud zum Ausdruck: »Was du nicht wünschest, was dir dein Nächster tue, das tue du ihm nicht.« Und im Islam gehört es zu Muhammads Lehre: »Lasst keinen von euch einen Bruder so behandeln, wie er selbst nicht behandelt werden möchte.« Im Hinduismus ist die Goldene Regel ebenso schlicht auf den Punkt gebracht: »Dies ist die Summe aller Pflichten: Füge an-

---

* Erklärung der *Union of Concerned Scientists,* 1993

deren nicht zu, was dir Pein zufügen würde.« Buddha wies an: »Behandle andere nicht auf eine Weise, die du bei dir selbst als verletzend empfinden würdest.« Ferner Zoroaster: »Tue anderen nicht an, was dir selbst nicht gut bekommt.« Und Konfuzius: »Was du nicht willst, das man dir tue, das füge auch keinem anderen zu.« Schließlich Bahá'u'lláh: »Wenn du Gerechtigkeit übtest, dann würdest du für andere nur wählen, was du auch für dich selbst wählst.«*

In den alten Schriften stand »du« für den Nachbarn, den Freund und das Mitglied in der dörflichen Gemeinschaft. Dies war die Reichweite, innerhalb der das Leben des Einzelnen Einfluss auf jenes der anderen Menschen hatte. Heute ist die Reichweite zwischenmenschlicher Interaktion global: Was jeder Einzelne tut, betrifft alle. Unsere Ethik muss sich dementsprechend ausweiten. Was jedes einzelne Mitglied der globalen Gemeinschaft tut, darf nicht schädlich sein für irgendein anderes Mitglied derselben Gemeinschaft.

Wir sind noch weit davon entfernt, dieses Ziel zu erreichen. Die Handlungsweisen vieler Menschen fügen in der Tat dem Rest der Menschheit Schaden zu, auch wenn sie dies nicht absichtlich tun. Die Reichen nutzen einen deutlich überzogenen Teil der Ressourcen dieses Planeten und produzieren den Löwenanteil der Abfälle und Vergiftungen, während die Armen dieser Erde zu Lebensweisen gezwungen sind, die das Land, die Gewässer und die Wälder in anderer Weise ebenfalls sehr stark belasten. Wenn diese Lebensweisen fortgeführt werden, werden uns sehr bald essenzielle Ressourcen nicht mehr zur Verfügung stehen, und wir werden alle, ohne Ausnahme, gezwungen sein, in einer verarmten und dramatisch ungesunden Umwelt zu leben.

---

* Die Quellen für die Goldene Regel sind: für das Christentum: Matthäus 7.12; für das Judentum: Talmud, Shabbath 31 a; für den Islam: Hadith; für den Hinduismus: Ahabharata 5.1517; für den Buddhismus: Udana-Varga 5.18; für die zoroastrische Religion: Shayast-na-Shayast 13.29; für den Konfuzianismus: Analects 15.23; für die Bahá'í-Religion: nach Esslemont 5.7.99.

Die Lektion ist klar: Wenn wir unser eigenes Recht auf eine gesunde Umwelt und einen fairen Anteil an den Ressourcen dieses Planeten nicht verletzen wollen, dürfen wir die Umwelt anderer Menschen und ihren berechtigten Zugang zu den grundlegenden Ressourcen nicht beeinträchtigen. In der heutigen Welt muss sich der Leitsatz »Tue für die anderen das, was du möchtest, dass sie dir tun« in folgender Weise verändern: *»Lebe in einer Weise, die es allen Menschen auf dem Planeten erlaubt, ein gutes Leben zu führen.«*

Planetarische Ethik bedeutet den moralischen Entschluss, in einer Weise zu leben, dass alle Menschen dieser Welt gute Lebensbedingungen haben. Dies bedeutet keineswegs, dass wir in Armut oder auf besonders bescheidene Weise leben müssten. Es bedeutet auch nicht, dass alle Menschen so leben müssten wie wir. Vermutlich wollten sie das auch gar nicht. Das Ziel ist nicht Uniformität, sondern Fairness, also: allen Menschen eine faire Chance zu geben, in grundlegender Würde und mit der Grundlage einer angemessenen Wohlfahrt zu leben.

Eine planetarische Ethik bedeutet keinen Ruf nach übermäßigen Opfern. Wir können sehr wohl gleiche Chancen für alle anstreben, ohne uns der Freuden an einem guten und verantwortungsbewussten Leben zu berauben. Wir können nach persönlicher Auszeichnung und Freude sowie nach persönlichem Wachstum streben, auch nach Komfort und einem Luxus, der die Umwelt nicht verschmutzt. Wir müssen lediglich die Leistungen und Freuden des Lebens in eine vernünftige Relation bringen zur *Qualität* der Freude und der Befriedigung, die sie uns liefern, anstatt sie an dem Geld zu messen, das sie uns kosten, oder an der Menge des Materials und der Energie, welche sie verbrauchen.

Die entscheidende Frage ist nicht, ob eine planetarische Ethik, wie sie von irgendeiner Philosophie oder irgendeinem Glaubenssystem verkündet wird, in einem absoluten Sinne die bestmögliche Ethik ist oder nicht. Entscheidend ist, ob eine planetarische Ethik besser zu einem menschlichen Leben und einer menschlichen Zivilisation beiträgt als eine nichtplanetarische Ethik. Wenn wir unsere Werte an die neue globale Situation anpassen, reduziert dies die Konfliktrisiken und erhöht die Chancen für ein Gesellschaftswachstum in Richtung einer nachhaltigen und friedlichen Zivilisation, anstatt die Spirale von Konflikt und Chaos weiter anwachsen zu lassen. In der heutigen Welt ist diese Art von Ethik die beste, die wir haben können.

4 Handle verantwortungsvoll

Unsere Überzeugungen auf den neuen Stand der Dinge zu bringen, die universalen Rechte zu respektieren und unsere Ethik an die neue planetarische Situation anzupassen sind mentale Vorgänge. Es sind verantwortungsvolle Wege, wie Sie und ich *denken* sollten. Hieraus folgen die praktischen Schritte: Wie sollen wir verantwortungsvoll *handeln*?

Wie wir konkret handeln können

Einige der Dinge, die jetzt zu tun sind, erlauben keine Verzögerung. Wenn wir nicht auf einen Weg geraten möchten, auf dem die Konflikte und Krisen nur noch eskalieren können, müssen wir beginnen zu handeln, müssen wir weise und verantwortungsvoll handeln.
Es folgt eine kurze Liste von Beispielen, was wir tun können und sollten – als Individuum, als Teilnehmer am Wirtschaftsleben, als Bürger eines Landes.

Was wir in unserem privaten Leben unternehmen können

Das persönliche Recht auf Privatheit ist unantastbar, aber wir dürfen dieses Recht nicht in der Weise heilig sprechen, dass es außerhalb jeden Kontextes steht. Niemand ist eine Insel. Wie wir leben und was wir tun, hat Einfluss auf andere um uns herum. In einer interdependenten und interaktiven Welt stellt jeder von uns einen Faktor für die Zukunft aller anderen dar. Verschiedene Aspekte unseres privaten Lebens wurden zu Gegenständen des öffentlichen Wirtschaftslebens.

Das Prinzip, sich bei seinen Aktivitäten von Verantwortung leiten zu lassen, ist gleichzeitig eine neue und sehr alte Einsicht. Für sich selbst und für andere Gutes zu tun ist kein Widerspruch, sondern passt gut zusammen. Wenn Sie in einer Weise leben, die gut für andere sowie für die Natur ist, dann leben Sie so, dass dies auch für Sie selbst gut ist. Sie gewinnen dadurch genau das, was ein »gutes Leben« in seiner umfassenden Bedeutung meint – und Sie leben verantwortungsvoll.

Die »Zehn Gebote« eines verantwortungsvollen Lebens sind ebenso einfach wie grundlegend:

1. Lebe auf eine Weise, die deine grundlegenden Bedürfnisse befriedigt, ohne die Chancen anderer, ihre grundlegenden Bedürfnisse zu befriedigen, zu beeinträchtigen.
2. Lebe auf eine Weise, die das Lebensrecht aller Menschen respektiert, wo immer diese leben und welcher ethnischen Gruppierung, welchem Geschlecht, welchem Staat und welchem Glauben auch immer diese angehören mögen.
3. Lebe auf eine Weise, die das Recht auf Leben und eine gesunde Umwelt für alles, was auf dieser Erde lebt und gedeiht, schützt.
4. Verfolge dein Glück, deine Freiheit und deine persönliche Erfüllung so, dass deine Mitmenschen in deiner Gemeinde, deinem Land, deiner Kultur und in der globalen Gemeinschaft aller Menschen, Kulturen und Länder dieselben Ziele verfolgen können.
5. Tue dein Bestes, um jenen zu helfen, die nicht so privilegiert leben wie du, dass sie ohne Hunger und bittere Armut existieren können, gleichgültig ob diese nun in nächster Nähe wohnen oder in einem anderen Teil der Welt.
6. Tue dich mit ähnlich gesinnten Menschen zusammen, um die Umwelt zu schützen und jenen Zustand wiederherzustellen,

in dem die Natur in der Lage ist, die nötigen Ressourcen für menschliches Leben und Wohlergehen dauerhaft bereitzustellen.
7. Helfe Kindern und jungen Menschen, verantwortungsvolle und unabhängige Lebens- und Handlungsweisen zu entdecken.
8. Fordere von deiner Regierung, »Schwerter in Pflugscharen« umzuschmieden und eine Art von Beziehungen zu anderen Nationen und Kulturen zu pflegen, die dem Geist des Friedens und der Kooperation entspricht und den berechtigten Erwartungen eines besseren Lebens und einer lebensunterstützenden Umwelt für alle Menschen, Kulturen und Länder der Welt gerecht wird.
9. Fördere Unternehmen, die Produkte herstellen und Dienstleistungen anbieten, die deine Bedürfnisse und die Bedürfnisse anderer in einer Weise befriedigen, dass sie weder die Umwelt belasten noch die Kluft zwischen Reich und Arm vergrößern.
10. Bevorzuge Zeitungen und Zeitschriften, Fernseh- und Radioprogramme sowie Internetseiten, die regelmäßige und vertrauenswürdige Informationen anbieten über jene Trends und Prozesse, die dir und anderen in deiner Umgebung helfen, in kritischen Fragen gut informiert Entscheidungen zu treffen.

Ferner ist es wichtig, verantwortungsvolle Entscheidungen für einen nachhaltigen Lebensstil herbeizuführen. Zum Beispiel:
- Wenn wir Produkte für unseren persönlichen Bedarf auswählen, sollten wir die Auswahl nicht an einem alten Statussymboldenken orientieren, das meist mit hohem Energie- und Rohstoffverbrauch verbunden ist, sondern an Kriterien der Funktionalität bei geringstmöglicher Produktion von Abfall und überflüssigem Verpackungsfirlefanz.
- Wenn wir unsere Berufswahl treffen oder uns für einen Ar-

beitsplatz entscheiden, sollten wir uns nicht von der schnellstmöglichen Anhäufung von Geld leiten lassen, sondern von der Auswahl jener Aktivitäten, die hilfreich und nützlich sind für unsere Gemeinschaft und unser Land und weder Mensch noch Natur schaden.
- Wenn wir Entscheidungen treffen hinsichtlich unserer Wohnung und ihrer Ausstattung, sollten wir damit nicht den Nachbarn zeigen wollen, wie viel wir uns leisten können, sondern wir sollten danach entscheiden, wie viel menschliche Wärme und soziale Qualitäten wir erzeugen können bei welchem Maß an schlichter Schönheit.
- Wenn wir unsere persönliche Kleidung auswählen, sollten wir nicht nach Kriterien der Auffälligkeit und des Prestiges einkaufen, sondern danach streben, unsere Persönlichkeit zum Ausdruck zu bringen sowie unsere Werte und die Werte unserer Kultur und Gemeinschaft.
- Wenn wir Entscheidungen über unsere tägliche Nahrung treffen, sollten wir weder den teuren Feinschmeckermerkmalen folgen noch den Verlockungen des ebenso billigen wie ungesunden Junkfood, sondern sollten organisch gewachsene Produkte bevorzugen, die unsere Gesundheit schützen und die Umwelt nicht vergiften.

Derartige Entscheidungen nehmen einen unspektakulären und dennoch sehr grundlegenden Einfluss auf das Wohlergehen der gesamten Menschheit. Rund 20 Millionen Menschen sterben jedes Jahr an Unterernährung und Hunger, während gut 100 Millionen Menschen das zu einem guten Leben erforderliche Land und Wasser und die nötige Energie bereitgestellt bekommen könnten, wenn die Amerikaner nur 10 Prozent weniger Fleisch essen würden. Für die Herstellung von einem Pfund Weizen werden gut 100 Liter Wasser benötigt, während für die Produktion von einem Pfund Rindfleisch 20 000 Liter Wasser und 16 Pfund Getreide oder Soja erforderlich sind.

Diese Dinge sind nicht schwierig umzusetzen und erfordern keinerlei besondere Opfer. Ganz im Gegenteil: Sie bringen uns eine Menge Gewinn. Wir werden zu besseren Nachbarn und Mitgliedern unserer Gemeinschaft, unser Leben wird einfacher und gesünder und wir werden weniger Gefühle der Enttäuschung oder Schuld haben. Durch die Reduzierung des Fleischkonsums reduzieren wir beispielsweise auch die Gefahr von Herzattacken deutlich. Wir werden die Befriedigung erleben, die damit einhergeht, wenn wir unser Bestes geben, um ein verantwortungsvolles Mitglied der menschlichen Familie zu sein – und wir werden uns unabhängig fühlen von dem, was andere tun oder nicht tun oder was gerade in der Welt geschieht oder nicht geschieht.

Was wir im Wirtschaftsleben unternehmen können

Was wir in der Wirtschaftswelt tun können, ist mindestens von derselben Bedeutung wie das, was wir in unserem Privatleben tun können. Die Unternehmen, die unser heutiges Überangebot an Gütern und Dienstleistungen produzieren, und die Technologien und Infrastrukturen, die dafür erforderlich sind, haben zu einer beispiellosen Konzentration von Macht und Reichtum geführt. Die 500 größten Industrieunternehmen der Welt beschäftigen nur 0,05 Prozent der Weltbevölkerung, kontrollieren aber 70 Prozent des Welthandels, 80 Prozent der Direktinvestitionen in anderen Ländern und 25 Prozent des Weltsozialprodukts. Der Umsatz der größten Unternehmen wie General Motors, Ford, Mitsui, Mitsubishi, Royal Dutch Shell, Exxon oder Wal-Mart übersteigen das Bruttoinlandsprodukt der meisten Länder, einschließlich Länder wie Polen, Norwegen, Griechenland, Thailand oder Israel. Wirtschaftsunternehmen wurden zu einem bestimmenden Faktor bei der Entscheidung über unsere Zukunft. Wer über Macht und Reichtum verfügt, muss Verantwortung übernehmen. Wirtschaftsunternehmen können heute den Weg beeinflussen, wohin die Welt steuert. In dieser Situation erfordern Verantwortung und Klugheit, dass Unternehmen von einer Shareholder- zu einer Stakeholder-Philosophie wechseln, von einer Orientierung, die nur die Interessen der Unternehmensbesitzer und Aktionäre gelten lässt, zu einer, für die die Interessen aller Menschen Gültigkeit besitzen.

Die Shareholder-Philosophie gewann an Einfluss nach Veröffentlichung eines Artikels von Milton Friedman im Jahre 1970 in *The New York Times Magazine*. Nach dieser Philosophie ist das Management von Unternehmen lediglich Agent für die Interessen der Unternehmensbesitzer, für die allein es Profit zu organisieren hat. Das Stakeholder-Konzept war zu diesem Zeitpunkt noch wenig bekannt. Es wurde erst wahrgenommen, als offensichtlich wurde, dass Unternehmen der entscheidende Faktor im Leben einer Gemeinde, einem Land und auch in der globalen Gemeinschaft sind. Im Stakeholder-Konzept werden nicht nur die Besitzer und Mitbesitzer von Unternehmen berücksichtigt, sondern auch die Mitarbeiter, die Partnerunternehmen, die Klienten und Konsumenten sowie die Kommunen und Länder, in denen diese Unternehmen operieren.

Wer sind die Stakeholder?

Die Stakeholder eines Unternehmens sind jene Personen, Gruppen und Organisationen,
- die von den Aktivitäten eines Unternehmens betroffen sind – positiv oder negativ,
- die irgendwelche Art von Nutzen oder Ressourcen für die Aktivitäten des Unternehmens bereitstellen,
- die bestimmte Risiken übernehmen im Zusammenhang mit den Unternehmensaktivitäten,

- deren Opposition und Widerstand gegen bestimmte Aktivitäten eines Unternehmens für dieses ein Risiko darstellen.

Innerhalb eines Unternehmens gehören zu den Stakeholdern die Angestellten, die Klienten, die Kunden, die Geschäftspartner und die Investoren (einschließlich der Shareholder); innerhalb eines Industriezweigs zählen die Verbände, die Kontrolleinrichtungen und die Wettbewerber dazu; innerhalb der gesamten Gesellschaft zählen dazu die Gastgebergemeinde, die lokale Verwaltung und die nationale Regierung, die Zivilgesellschaft und nicht zuletzt alle Menschen, die – auch wenn sie keine Kunden oder Klienten sind – in der Region leben oder auf sonstige Weise von den Aktivitäten des Unternehmens betroffen sind.

Wir können zur Ausbreitung der Stakeholder-Philosophie beitragen, indem wir Unternehmen unterstützen, die sich an diese Philosophie halten, und jene boykottieren oder ignorieren, die an dem überholten Konzept festhalten, dass die Verantwortung eines Unternehmens damit beginnt und endet, nur an den kurzfristigen Profit für die Shareholder zu denken. Nicht nur als Mitarbeiter, sondern auch als Klienten, Konsumenten und Mitbürger jener Gemeinden, die solche Unternehmen beherbergen, können wir darauf bestehen, dass deren Management
- die Öffentlichkeit präzise und aufrichtig darüber informiert, welche langfristigen Vorteile und Kosten für die Gemeinschaft durch deren Produkte und Dienstleistungen entstehen. Das umfasst insbesondere Fragen der Sicherheit, der sozialen Auswirkungen, der Umweltbelastung und der Recyclebarkeit;

- ethisch geprüften Firmen und Teilhabern den Vorzug gibt und Geschäfte mit Unternehmen ablehnt, die sich gegenüber ihren Mitarbeitern, ihren Kunden, ihren Gemeinden oder der Umwelt unfair beziehungsweise schädigend verhalten;
- sich aktiv darum bemüht, Umweltverschmutzung und Umweltschädigungen zu vermeiden und die Erzeugung von Abfall im Produktionsprozess und bei der Distribution zu minimieren;
- seine Mitarbeiter einbezieht, wenn das Unternehmen seine Ziele und Maßnahmen formuliert;
- aktives Interesse am Leben seiner Mitarbeiter zeigt, ihre wirklichen Interessen kennen lernen möchte, ihre Bedürfnisse versteht und zu ihrer persönlichen Entwicklung beiträgt;
- ein ebensolches Interesse gegenüber der Bevölkerung am Unternehmensstandort entwickelt;
- die Mitarbeiter ermutigt, einen Teil ihrer Zeit sozialen Belangen oder dem Schutz der Umwelt zu widmen.*

Als betroffener Bürger können Sie sich mit Gleichgesinnten zusammentun, sich für den Kauf einer kleinen Menge an Aktien entscheiden und Mitglied werden in einer der zahlreich aufkommenden Vereinigungen »kritischer Aktionäre«. Sie können sich auf diese Weise zu Wort melden und Ihrer Stimme in der Wirtschaft Gehör verschaffen – ein sehr effektiver Weg, Anfragen an Unternehmensmanager zu richten, damit diese ihre entschiedene und aufrichtige Aufmerksamkeit auf die umfassende Qualität ihrer Produkte und Dienstleistungen sowie auf die Belange der Stakeholder und der Umwelt konzentrieren.

Darauf zu bestehen, dass ein Unternehmen die Stakeholder-Philosophie annimmt, ist in seinem besten ureigenen Interesse. Ein verantwortungsvolleres Verhalten gegenüber der Gesellschaft und der Natur wird von der Öffentlichkeit zunehmend hono-

---

* Eine ausführlichere Liste der notwendigen Verantwortungen, die ein Unternehmen heute übernehmen sollte, ist auf der Internetseite von *Innov-Ethics* aufgeführt: www.innov-ethics.com.

riert. Eine Untersuchung unter 1000 Konsumenten, die im März 2001 und erneut im Oktober 2001 durchgeführt und im März 2002 im *Harvard Business Review* veröffentlicht wurde, zeigt ein rasches Ansteigen der Aufmerksamkeit, die die Menschen dem Verhalten von Unternehmen in Bezug auf das Wohlergehen der Gesellschaft schenken. Die Frage in der Untersuchung lautete: »Es ist mir wichtig, ob sich ein Unternehmen gemeinschaftsdienlich verhält, wenn ich mich entscheide …

- was ich kaufe oder wo ich einkaufe
  vor dem 11. September: 52 %
  nach dem 11. September: 77 %
- wo ich arbeite
  vor dem 11. September: 48 %
  nach dem 11. September: 76 %
- in welche Firmen ich investiere
  vor dem 11. September: 40 %
  nach dem 11. September: 63 %
- und welche Firmen ich gerne in meiner Gemeinde sähe.«
  vor dem 11. September: 58 %
  nach dem 11. September: 80 %

Verantwortung für die Gesellschaft und die Umwelt zu übernehmen ist für Unternehmen nicht länger eine Frage der Wohltätigkeit, sondern wird immer mehr zu einer Frage des wirtschaftlichen Erfolges. Nicht zufällig betrafen die zwei Aufsehen erregendsten Bankrotte der jüngsten Zeit mit Enron und K-Mart Firmen, die bezüglich Stakeholder-Verantwortlichkeiten völlig versagt hatten: Enron war bekannt für mangelnde Transparenz, Gier und Orientierung am kurzfristigen Profit; K-Mart belegte auf der Total-Social-Impact-Rangliste der 500 Standard-&-Poor-Unternehmen einen der letzten Plätze. Dagegen erzielten die fünf Erstplatzierten der Top-100-Liste – Procter & Gamble, Hewlett-Packard, Fannie Mae, Motorola und IBM – doppelt so hohe Renditen für ihre Shareholder als andere vergleichbare Unternehmen.

Wir können unsere Handlungsmacht noch einmal entscheidend ausweiten, wenn die Informationsflüsse, die uns erreichen, optimiert werden. Dabei geht es nicht um eine Ausweitung der Informationsflut – diese ist wahrlich bereits enorm –, sondern wir müssen dafür sorgen, dass die Informationen Relevanz für unsere Zukunft besitzen. Die Informationen, die heute an die Öffentlichkeit gelangen, sind weitgehend bestimmt durch den Markt. Es wird veröffentlicht, was sich aus Sicht der Medien »verkauft«. Gemäß der Überzeugung, dass die Öffentlichkeit vor allem an Themen wie Aktienmärkten, Kriegen, Kriminalität, Sport und den Aktivitäten der Berühmten und Mächtigen interessiert ist, konzentrieren sich die nationalen und internationalen Medien auf Sensationen, die »Neuigkeitswert« besitzen.

Auch hier ist die Rolle, die uns zukommt, ausgesprochen bedeutsam. Analog zu unseren Rollen als Konsumenten und Stakeholder in Beziehung zur Welt der Wirtschaft können wir auch die Medien beeinflussen: durch Äußerung unserer Präferenzen und durch unser entsprechendes Handeln. Wir können Informationsangebote bevorzugen, die sachdienliche und positive Nachrichten anbieten anstatt Sensationen und negative Meldungen.

Es gibt inzwischen eine Reihe von alternativen Nachrichtenblättern und Magazinen von privaten Nichtregierungsorganisationen, die sich auf positive Nachrichten spezialisiert haben. Eine davon ist die Zeitung *Positive News*, die in England publiziert wird und sich vollständig auf solche Nachrichten konzentriert. Aber derartige Publikationen haben noch eine relativ geringe Verbreitung und erreichen noch lange nicht die »kritische Masse« in der Gesellschaft. Warum fangen wir nicht damit an, in unseren Tageszeitungen wenigstens eine Kolumne oder regelmäßige Wochenendbeilage zu fordern, die sich auf positive, zukunftsrelevante Nachrichten spezialisiert? Warum fordern wir nicht derartige tägliche oder wöchentliche Programme in Radio und Fernsehen sowie entsprechend strukturierte Internetseiten? Solche Angebote würden den Lesern, Hörern und Zuschauern

einen wichtigen Dienst erweisen. Sie würden die Menschen informieren über ...
- Gemeinschaften, die sich zukunftsweisenden Lernprozessen verschrieben haben,
- ethisch motivierte Bewegungen, denen sie sich anschließen können,
- Ideen für ein verantwortungsbewusstes Leben, die sie übernehmen können,
- effiziente und umweltfreundliche Technologien, mit denen sie sich beschäftigen können,
- Energie und Material sparende saubere Produkte, die sie kaufen können.

Die Forderung gegenüber den Medien, solche Berichte aufzunehmen, bedeutet keinen Ruf nach Wohltätigkeit, sondern lediglich eine Aufforderung, dass ihre Angebote eine Relevanz bezüglich der Anliegen ihres Publikums behalten – und dies ist zweifelsohne in ihrem eigenen besten Interesse.

Was wir als Bürger unternehmen können

Auch wenn die Wirtschaft heute mächtiger ist als je zuvor, so nimmt die Bedeutung der Politik in unserer unsicheren Welt gerade deshalb zu. Auf eine Reihe von Problemen der öffentlichen Sicherheit und des sozialen Wohlergehens können nur aufgeklärte Führungsqualitäten wirklich Antwort geben. Wenn unsere Regierungen noch nicht hinlänglich aufgeklärt sind, sollten wir gemeinsam mit anderen unsere Stimme erheben und sie für die Verantwortlichen hörbar machen.

Es gibt wichtige Dinge neben der täglichen Administration, welchen Regierungen und Verwaltungen ihre Aufmerksamkeit schenken sollten: Auf lokaler Ebene müssten sie Arbeitsgruppen einsetzen, die Wege ermitteln, wie Schulen und Universitäten besser mit Informationen über wichtige lokale und globale Entwicklungen versorgt werden können, einschließlich der Förderung eines Wertewandels; nationale Regierungen sollten den fortschreitenden Wandel in den Werteorientierungen, im Lebensstil und in den Erwartungen in ihrem Land beobachten, zum Beispiel in Untersuchungen wie jener von Paul H. Ray und Sherry Ruth Anderson; für die internationalen Angelegenheiten sollten die Regierungen ihre Außen- beziehungsweise »Weltinnenpolitik« auf wirtschaftlichem und finanziellem Gebiet einer gründlichen Überprüfung unterziehen; sie sollten dabei nach politisch realisierbaren Wegen für einen Dialog suchen, der auf Verständigung und Abstimmung über Politiken abzielt, die wirklich allen Ländern wirtschaftliche Vorteile bringen, auf militärische Dominanz verzichten und konstruktiv mit ähnlich gesinnten Regierungen zusammenarbeiten, um eine Reform des gegenwärtig sehr ungleichen und nichtnachhaltigen internationalen Wirtschafts- und Finanzsystems zu erreichen.

Als verantwortungsbewusste Bürger sollten wir unsere Verwaltungen und Regierungen dafür gewinnen, dass sie ...
- alle Teile der Bevölkerung effektiv an den Entscheidungen beteiligen, die ihr Leben und das Leben der Gemeinde sowie deren Zukunft betreffen;
- in allen Dienstleistungen der öffentlichen Hand sicherere und ökoeffizientere Technologien anwenden, insbesondere in den Bereichen Energie, Transport und Kommunikation;
- effektive Schritte unternehmen zur Reduzierung und Vermeidung von Abfall und zum Recyceln von Stoffen entsprechend den bestfunktionierenden Beispielen;
- nachhaltige Prozesse, nachhaltige Produktion und Konsumation fördern, beispielsweise durch ethische, Öko- und Fair-Trade-Produkte;
- eine nachhaltige Stadtentwicklung betreiben und für eine hohe architektonische und bauliche Qualität sorgen;
- in unseren Städten und Kommunen Projekte für ein gesün-

deres und naturnäheres Leben entwickeln und implementieren;
- das Bedürfnis für die Nutzung von Privatautos reduzieren, beispielsweise durch Verbesserungen im Nahverkehr und die Bereitstellung von Fahrradwegen und Fußgängerzonen;
- in Zusammenarbeit mit der regionalen Wirtschaft die Einführung von nachhaltigen Wirtschaftsweisen fördern und die Nutzung von regionalen Ressourcen;
- Programme zur Überwindung der Armut fördern, die soziale Beteiligung, gleiche Rechte für beide Geschlechter sowie den Zugang zu einer guten Qualität von kostengünstigen und nahen sozialen Dienstleistungen und Rahmenbedingungen unterstützen.

Als betroffener Bürger Ihres Landes sollten Sie Ihre nationale Regierung dazu auffordern ...
- den veränderten Lebensstilen, Konsummustern, Werten und Erwartungen in immer größeren Teilen und Subkulturen unserer Gesellschaft deutlich besser Rechnung zu tragen;
- im öffentlichen Gesundheitswesen mehr Angebote alternativer Heilweisen zu fördern;
- mehr Naturschutzgebiete auszuweisen und mehr Mittel und Wege bereitzustellen, um der Zerstörung des ökologischen Gleichgewichts entgegenzutreten;
- anderen Regierungen in einem Geist der Fairness und ehrlichen Kooperation gegenüberzutreten und die existierenden Organe und Kanäle für internationale Kooperation besser zu nutzen.

Ein guter Weg, wie Sie Ihre Macht in der Zivilgesellschaft einsetzen können, besteht darin, von den Kandidaten und Gewählten der politischen Parteien eine öffentliche Selbstverpflichtung für Frieden und Nachhaltigkeit einzufordern, um sicherzustellen, dass sie Ihre wichtigsten Interessen als nationaler und Weltbürger verfolgen.

> **Selbstverpflichtung der Gewählten
> für Frieden und Nachhaltigkeit**
>
> Ich verpflichte mich dazu,
> - alles in meiner Macht Stehende zu unternehmen, um konkrete Fortschritte in Richtung auf Frieden und soziale, ökonomische und ökologische Nachhaltigkeit zu erzielen und dies zu meiner ersten Priorität zu erheben;
> - alle gegenwärtigen und künftigen Politik- und Verwaltungsmaßnahmen daraufhin zu prüfen und zu bewerten, ob sie Frieden und Nachhaltigkeit vor Ort sowie international fördern;
> - mich selbst und alle meine Mitarbeiter fortlaufend über wichtige Informationen zum Thema Frieden und Nachhaltigkeit auf lokaler, nationaler und internationaler Ebene auf dem Laufenden zu halten.

Sie sollten sich Ihrerseits dazu verpflichten, Ihre Stimme nur an Personen zu vergeben, die sich diesen Zielen verpflichten.
Die Verantwortlichkeiten der Regierungen schließen insbesondere das öffentliche Erziehungswesen ein. Das Erziehungssystem wird eine besonders wichtige Rolle spielen. Es kann den notwendigen Wandel in den Werten und Überzeugungen begleiten und jeweils in fortlaufenden Diskussionen über Werte, Rechte und Verantwortlichkeiten aufzeigen, was die neu gewonnene planetarische Situation konkret bedeutet. Es kann Kinder und Jugendliche dazu befähigen, kluge und verantwortungsvolle Entscheidungen zu treffen in Angelegenheiten, die ihre eigene Zukunft betreffen. Dies bedeutet nicht, dass man Kindern und Jugendlichen einfach Werte, Überzeugungen und eine Ethik vorsetzt, die sie unreflektiert übernehmen sollten.

Sie sollten vielmehr lernen zu reflektieren: über jene Werte und Überzeugungen, denen sie in der heutigen Welt ausgesetzt sind, sowie über jene, die auf lokaler, nationaler und globaler Ebene erforderlich wären für eine nachhaltige Welt.

Als betroffene Bürger sollten wir die Verantwortlichen der öffentlichen Schulen dazu motivieren, die Schulbücher und Curricula an die neuen globalen Anforderungen anzupassen. Und wir sollten unsere Erziehungsministerien darum bitten, Trainings- und Fortbildungsprogramme für unsere Lehrer zu initiieren, die ihnen helfen, die neuen Anforderungen umzusetzen.

Wenn wir unseren Teil als verantwortungsvolle Bürger beitragen, kann unsere Regierung leichter eine Führungsrolle auf dem Weg zur »einen Welt« übernehmen: Sie kann dann mithelfen, dass die Menschheit im Sinne der einen Welt kollektiv erwachsen wird, anstatt an den Anforderungen der unteilbaren Welt zugrunde zu gehen. Es gab noch nie eine noblere und wichtigere Aufgabe für wahre Führung.

5 Ein Stern der Orientierung

Dieser praktische Leitfaden skizzierte bisher einige wichtige Facetten des erforderlichen Denkens und eines verantwortungsbewussten Handelns und er fügt nun noch ein weiteres Element hinzu: eine Vision als Stern der Orientierung. Die Bedeutung eines Sterns liegt nicht darin, dass man ihn erreichen könnte, sondern in der Möglichkeit, dass wir an ihm unsere Schritte orientieren können.

Unser Orientierungsstern ist eine Vision von der Welt im Jahr 2020. Für die Mehrzahl der Leser kann eine positive »Vision 2020« zur lebendigen Realität werden. Lassen Sie uns daher sehen, wie diese Welt organisiert ist und wie die Menschen zu jener Zeit leben.

Botschaft aus einer Welt nach der Krise

Ort: irgendwo auf einem der sechs Kontinente
Datum: das Jahr 2020 n. Chr.
Die Autorin: eine junge Frau, geboren an der Schwelle zum 21. Jahrhundert

Die Welt, in der ich nun im Jahre 2020 lebe, ist in vieler Hinsicht jener Welt ähnlich, die ich aus meiner Kindheit kenne. Wir haben fast 200 Länder, einige von ihnen industrialisiert, andere vor allem landwirtschaftlich geprägt. Einige von ihnen nutzen die modernsten Technologien, andere bevorzugen eine stärkere Orientierung an ihren Traditionen. Wir haben zwei Dutzend Megastädte, die aber seit einiger Zeit nicht mehr weiter wachsen. Die meisten Menschen leben in mittelgroßen Städten und in ländlichen und suburbanen Gemeinden. Die Menschen sind so unterschiedlich wie zur Jahrhundertwende, aber ihre kulturelle Vielfalt kommt mehr zum Vorschein, seit das Leben weniger von Stress und mehr von Entspanntheit bestimmt ist. Wo immer und wie immer sie leben, sie sehen sich nicht mehr in einem Wettbewerb der Uniformierung durch den globalen Markt. Nordamerikaner und Lateinamerikaner, Japaner, Chinesen, Inder und alle anderen Asiaten, ebenso wie Europäer, Afrikaner, Australier und Polynesier können ihre eigenen Werte zum Ausdruck bringen und ihre Traditionen schützen. Sie können ihre unterschiedlichen Sozialstrukturen und Wirtschaftssysteme, ihre individuellen Bestrebungen und Lebensstile wählen, befreit von dem Druck, der die einseitige Globalisierung des vergangenen Jahrhunderts prägt.

Und dennoch ist es eine Welt in viel größerer Einigkeit. Ungeachtet der größeren Autonomie und eines höheren Selbstbewusstseins der Regionen strebt unsere heutige Welt keine Autarkie jener Art an, die ihre eigenen Interessen von jener der Weltgemeinschaft abschotten will. Vielmehr sind die Nationen und Kulturen durch gemeinsame Werte und Bestrebungen geeint, in deren Mittelpunkt der Wunsch nach einer Welt steht, in der alle in Frieden und Sicherheit und ohne Zerstörung der gemeinsamen Lebensgrundlagen leben können. Vorbei sind die Ängste, die frühere Dekaden bestimmt haben: die Angst vor Terrorismus, bewaffneten Konflikten, wirtschaftlichen Zusammenbrüchen, Hungersnöten, ökologischem Kollaps und Strömen von Armutsmigranten. Stabilität ist das Merkmal unserer Welt. Es ist keine Stabilität, die rigide von einer machtvollen Autorität auferlegt ist, sondern eine Stabilität eines nachhaltig aufgebauten Netzwerks von Gemeinden, Staaten und Föderationen, von Nationen auf kontinentaler und globaler Ebene, die jeweils selbständig sind und eng miteinander kooperieren.

Unser politisches Organisationssystem

Das System des 20. Jahrhunderts von souveränen Staaten wurde transformiert in ein transnationales System, das sich organisiert durch eine Reihe von Verwaltungs- und Entscheidungsforen, wobei jedes Forum seine eigenen Kompetenzbereiche hat. Diese sind nicht hierarchisch strukturiert. Sie haben, jedes auf seiner Stufe und in seinem Bereich, ein hohes Maß an Autonomie und sind nicht einfach den höheren Ebenen untergeordnet. Für die Bereiche Handel und Finanzen, Information und Kommunikation, Frieden und Sicherheit sowie Umweltschutz ist der Entscheidungsfindungsprozess auf globaler Ebene angesiedelt. Doch es herrscht ein sehr hohes Maß an Autonomie auf lokaler und regionaler Ebene. Die Welt im Jahr 2020 ist »heterarchisch« strukturiert: Entscheidungsprozesse finden auf unterschiedlichen Ebenen statt, wobei die lokalen, regionalen und nationalen Ebenen hohe Autonomie genießen und verbunden sind durch globale Koordination.

Vielfältigste Verbindungen der Kommunikation und Kooperation kreuz und quer über den Planeten konstituieren unser globales System. Die Menschen sind in die Gestaltung und Entwicklung ihrer lokalen Gemeinden ausgesprochen stark involviert. Diese Gemeinden nehmen ihrerseits starken Anteil an einem Netzwerk der Kooperation, das an den Grenzen der Nationen nicht Halt macht. Die Nationen wiederum sind Teil von regionalen und kontinentalen sozialen und ökonomischen Föderationen.

Das globale Organ, das die Völker der Welt miteinander verbindet, ist die United Peoples Organization (UPO), jene Einrichtung, die die United Nations Organization ablöste. Die Mitglieder der UPO sind die kontinentalen und subkontinentalen ökonomischen und sozialen Föderationen, die ihrerseits die gemeinsamen Interessen ihrer Mitgliedsnationen repräsentieren. Dazu zählen die Europäische Union, die Nordamerikanische

Union, die Lateinamerikanische Union, die Union der Staaten Nordafrikas und des Mittleren Ostens, die Mittel- und Südafrikanische Union, die Zentralasiatische Union, die Süd- und Südostasiatische Union sowie die Australo-Pazifische Union.

In der UPO sind auch Unternehmen und Organisationen der globalen Zivilgesellschaft vertreten. Zu den zivilgesellschaftlichen Mitgliedern zählen vor allem verschiedene Nichtregierungsorganisationen, die sich in den Bereichen der sozialen, wirtschaftlichen und ökologischen Entwicklung engagieren. Dank ihrer Mitgliedschaft ist die Stimme der globalen NGO-Gemeinde den politischen Entscheidern nicht mehr fremd, sondern ein integraler Bestandteil aller Abwägungen und Entscheidungen in allen wichtigen Fragen.

Die Mitgliedschaft von Unternehmen erfolgt über Unternehmensverbände. Spezialisierte Agenturen, die aus dem UN-System übernommen, jedoch im Lichte des erweiterten Mandats der UPO reformiert wurden, dienen beispielsweise als Schnittstelle zwischen den Mitgliedsfirmen der Unternehmensverbände und den Kommunen, in denen diese Unternehmen operieren. Derartige Agenturen helfen den Managern, gute Beziehungen zu den Kommunen zu etablieren, wechselseitige Verhaltensregeln zu vereinbaren und Verträge zu schließen, mit denen Handel, Arbeit, Finanzen und Umweltschutz zum allseitigen Vorteil gereichen.

Unsere untereinander verbundenen Administrations- und Entscheidungsforen achten darauf, dass der altbekannte, aber früher kaum umgesetzte Grundsatz der Subsidiarität konsequent umgesetzt wird: Entscheidungen müssen auf der niedrigstmöglichen Ebene getroffen werden, denn dort besitzen sie jeweils die höchstmögliche Effizienz. Die globale Ebene der UPO ist die oberste Entscheidungsebene. Sie ist zuständig für Fragen des Friedens und der Sicherheit sowie eines optimalen Flusses von Geld, Technologie und Information, denn für diese Aufgaben ist die globale Ebene die niedrigstmögliche, auf der diese erfolgreich gelöst werden können. Die globale Ebene ist auch die Ebene für den Schutz der Biosphäre dieses Planeten.

Die kontinentale beziehungsweise subkontinentale Ebene ist die effektivste für die Koordination der ökonomischen, sozialen und politischen Prinzipien der Nationalstaaten und der gemeinsamen Handlungsstränge, die sich daraus ableiten. Die ökonomischen und sozialen Föderationen stellen das Forum dar für die Repräsentanten der Mitgliedsnationen, um die Angelegenheiten und Ziele ihrer Mitglieder zu diskutieren und zu koordinieren sowie Kooperationsverträge und -projekte zu beschließen.

Die Aufgaben und Verantwortlichkeiten der Nationalstaaten haben sich nicht grundlegend verändert: Die nationalen Regierungen sind weiterhin die entscheidenden Gebieter über die wirtschaftlichen und sozialen Kernziele, Systeme und Prozesse in ihrem Lande. Die Nationalstaaten haben weiterhin ein nationales Finanzministerium, ein nationales Justizsystem, ihre eigene Polizei und ihr eigenes Gesundheitssystem. Nur arbeiten diese Institutionen nicht mehr unter der Prämisse absoluter Souveränität. Sie sehen sich integriert in ein komplexes administratives System, zu dem einerseits die Städte und ländlichen Gebiete in ihrem Heimatland gehören und andererseits die Strukturen der kontinentalen Föderation, über die sie sich mit den Politikern ihrer Nachbarstaaten abstimmen.

Die lokale Ebene der Koordination und Entscheidungsfindung dient unseren Städten und Dörfern. Auf dieser Ebene erleben wir heute direkte Demokratie als die Regel: Deren Repräsentanten sind von den Menschen vor Ort direkt gewählt und diesen gegenüber direkt verantwortlich. Der übliche Mechanismus der lokalen Entscheidungsfindung läuft über Treffen in der Gemeindehalle, die normalerweise als physische Treffen organisiert werden, wo und wann immer möglich, und an denen eine repräsentative Mehrheit der Menschen teilnimmt. Wo Entfernungen und Kosten dies erforderlich machen, sind auch Treffen via elektronische Medien möglich.

Unser wirtschaftliches Organisationssystem

Unser ökonomisches System von Nationalstaaten folgt denselben grundlegenden Prinzipien und unterscheidet sich sonst nur in Details. Eines dieser Prinzipien ist, dass die letztliche Quelle des Wohlergehens auf dieser Erde die Erde selbst ist. Die biologischen und mineralischen Ressourcen unseres Planeten sind die Grundlagen jeglicher menschlichen Ökonomie. Ein anderes gemeinsames Prinzip ist, dass die Grundbedürfnisse aller Menschen erfüllt sein müssen, unabhängig von ihrem Alter und Geschlecht und unabhängig davon, ob sie physisch oder geistig in der Lage sind, sich mit bezahlter Arbeit einzubringen.

Die nationalen Ökonomien sind selbst verantwortlich, ihre Balance zwischen der Nutzung der Markteffekte, der Bewertung der Naturgüter und Erwägungen des sozialen Wohlergehens zu finden. Einige Länder versorgen alle ihre Bürger mit einem garantierten Mindesteinkommen, um sicherzustellen, dass sie ihre Grundbedürfnisse befriedigen können. Arbeiten, die früher unbezahlt waren wie beispielsweise die Führung eines Haushalts, die Fürsorge für andere Menschen oder für die Umwelt sowie die landwirtschaftliche Selbstversorgung sind heute anerkannt als nützlich für die Gemeinschaft. Auf diese Weise ist die Mehrzahl der Menschen in den Nationen nicht mehr darauf angewiesen, im globalen Wettstreit um Grundnahrungsmittel, Unterkunft und grundlegende Erziehung zu konkurrieren. Sie können sich unbelastet von Existenzsorgen für den Beruf und die Betätigung ihrer Wahl entscheiden.

Da uns die Natur das wichtigste Kapital ist, ist die Nachhaltigkeit der Welt nicht mehr utopisch. Die Wirtschaftssysteme haben ihre Ziele und Arbeitsprinzipien geändert. Sie leben nicht mehr länger von der Natur *als* Kapital, sondern ihre Kapitalbasis ist das, was die Natur in ihren Kreisläufen nachhaltig zur

Verfügung stellt. Natur *als* Kapital bedeutet, dass wir alle natürlichen Ressourcen bis zu deren endgültiger Aufzehrung aufbrauchen können wie beispielsweise die fossilen Brennstoffe. Wenn dieses Kapital aufgebraucht ist, geht die darauf aufgebaute Ökonomie bankrott – dieser Ansatz ist intrinsisch nicht nachhaltig. Wenn andererseits nur das »Natureinkommen« als Basis der Wirtschaft genommen wird, so bedeutet dies, dass nur jener Teil der Natur wirtschaftlich genutzt wird, der sich im Rahmen der Naturabläufe selbst regeneriert beziehungsweise im Sinne einer Kreislaufwirtschaft eingesetzt wird. Eine solche Art von Ökonomie kann zweifelsfrei als nachhaltig eingestuft werden.

Ein ähnlicher Wandel vollzog sich auf der Ebene der Nutzung von Ressourcen. Nicht mehr die ständige Steigerung der Arbeitsproduktivität ist der bestimmende Maßstab, so wie er im 20. Jahrhundert das Denken und Handeln aller Manager bestimmte, sondern eine wachsende Ressourceneffizienz. Dies bedeutet mehr, als nur das Maximum aus jedem Kilogramm Naturverbrauch und aus jedem Kilowatt Energieverbrauch herauszupressen. Es bedeutet das Design von neuen Produktionsprozessen, bei denen das geringstmögliche Maß an Verbrauch von nichterneuerbaren Ressourcen gegeben ist und bei denen die Nutzung von erneuerbaren und recycelbaren Ressourcen maximiert wird.

Mit den veränderten Werten und Lebensstilen kam ein neues Konsumverhalten auf, das zu geringerem und effizienterem Energie- und Materialgebrauch führte. Dank des effizienteren Materialgebrauchs, geringerer Abfälle und einfacherer Lebensstile hat sich der ökologische Fußabdruck der Menschen, Kommunen und Nationen überall auf der Welt deutlich reduziert. Er erreichte mit weniger als zwei Hektar pro Erdenbürger ein Maß dauerhafter Nachhaltigkeit.

Der ökonomische Sektor wird auf kommunaler Ebene immer besser integriert mit dem zivilen und politischen Sektor. Ohne Diktat von oben entwickelte sich der so genannte »private Sektor« der Ökonomie freiwillig zu einem integrativen Teil der Zivilgesellschaft. Er verfolgt nicht länger Ziele und Aktivitäten, die die Ziele und Erwartungen seiner Umgebung unberücksichtigt lassen. Die Manager unserer Unternehmen arbeiten weiterhin dafür, Wachstum und Profit für ihre Firmen sicherzustellen. Aber sie sehen sich nicht länger nur als »gute Unternehmensmanager«, sondern gleichzeitig wieder als wichtige Mitgestalter der Gesellschaft – so wie es einige ihrer Vorgänger im 19. und frühen 20. Jahrhundert schon einmal taten. Sie bemühen sich darum, den scheinbaren Widerspruch zwischen Effizienz, Profit und Dynamik auf der einen Seite und Solidarität, Gleichheit und Nachhaltigkeit auf der anderen Seite zu überwinden.

Die Unternehmensmanager wählen die Produkte und Dienstleistungen, die sie auf den Markt bringen, in enger Beratung mit ihren Klienten und Kunden sowie ihren Mitarbeitern und Partnern aus. Wie zu Hochzeiten eines einseitigen Kapitalismus spielen auch heute bei den Produktions- und Marketingentscheidungen Überlegungen der Effizienz und Rentabilität durchaus eine wichtige Rolle, aber nunmehr ebenso solche der Auswirkungen auf die Umwelt, der Zufriedenheit der Mitarbeiter und des allgemeinen Wohlergehens der Stakeholder. In der Konsequenz wurde die abfallintensive Wegwerfmentalität des vergangenen Jahrhunderts obsolet.

Das Weltwährungssystem unterzog sich überfälligen Reformen, auf regionaler wie globaler Ebene. In Kooperation mit den kontinentalen Wirtschafts- und Sozial-Föderationen und ihren Mitgliedsländern führte die UPO eine Weltwährung ein, analog zur Einführung des Euro in der Europäischen Union Anfang dieses Jahrhunderts. Die Weltwährung »Gaia« wurde in Umlauf gebracht auf der Basis der Bevölkerungszahl der einzelnen Regionen und weniger auf der Basis ihres jeweiligen Reichtums. Sie wurde in solchen Mengen ausgegeben, dass sie ein Welthandelsvolumen erlaubt, das kompatibel ist mit einer nachhaltigen Entwicklung der internationalen und interregionalen Wirtschaft und insbesondere darauf abzielt, ein nachhaltiges Wachstum der persönlichen Lebensqualität zu fördern.

Die Wirtschafts- und Sozial-Föderationen haben ihre eigenen Währungen, die Europäische Union beispielsweise behielt ihren Euro, den sie für den normalen Wirtschaftsverkehr in und zwischen ihren Mitgliedsländern einsetzt. Aber sie verfügen daneben über Rücklagen in Gaia, womit sie sich absichern und den globalen Kapitaltransfer betreiben. Die Wechselkurse der regionalen Währungen floaten in ihrer Beziehung zur Weltwährung. Dank dieses Systems können Nationen, die früher die Leitwährungen besaßen, sowie internationale Spekulanten nicht länger die Weltwirtschaft und die wirtschaftliche Entwicklung anderer Länder dominieren.

An der Basis kamen spezielle lokale beziehungsweise regionale Währungen in Gebrauch, die den Handel mit lokalen Produkten und Dienstleistungen fördern und dazu beitragen, dass die lokale Bevölkerung eine sich selbst versorgende Wirtschaft aufbauen und sich aus den Kreisläufen der Armut und Marginalisierung befreien kann.

Auf dem Gebiet der Umwelt gilt das universelle Bestreben der Umsetzung von Nachhaltigkeit. Mit dem Umschwung bei den Werten und Lebensstilen kam auch ein verändertes Konsumverhalten, das zu niedrigerem und effizienterem Energie- und Materialverbrauch führte. Auch wenn weiterhin die sozialen und ökonomischen Konzepte der einzelnen Nationen unterschiedlich bleiben, haben sich die ökologischen Fußabdrücke überall an die Gegebenheiten angepasst. Dank einer effizienteren Ressourcennutzung, einer geringeren Abfallproduktion und einfacheren Lebensstilen ist der durchschnittliche ökologische Fußabdruck auf unter zwei Hektar pro Erdbewohner zurückgegangen und gewährleistet damit eine langfristige Nachhaltigkeit.

Unsere Art der Techniknutzung

Technologie ist nicht länger ein Wert und Ziel für sich selbst. Wir achten darauf, dass sie unser Diener ist und nicht unser Meister. Die Mehrzahl unserer Technologien hat sich gegenüber dem Stand Anfang des 21. Jahrhunderts weiterentwickelt, aber sie wurde vor allem deutlich menschen- und naturfreundlicher.

Den größten Fortschritt haben wir bei der Wahl und dem Einsatz der Energiequellen gemacht. Die risikoreichen Atomreaktoren haben wir abgeschaltet und die Nutzung fossiler Energiequellen stark eingeschränkt. Fast die Hälfte unserer Energie beziehen wir zwischenzeitlich von der Sonne in der direkten Form der Fotovoltaiktechnik und indirekt über Hydrotechnik, Wind- und Gezeitenkraftwerke. Unser Eintritt in das Solarzeitalter beschert uns nicht nur eine praktisch unendliche Energiequelle, sondern trägt auch zu einem neuen Gleichgewicht in der Weltwirtschaft bei: Solar- und solarbezogene Energiequellen gibt es auf allen sechs Kontinenten.

Bei Gesundheitstechnologien haben wir große Fortschritte erzielt. Auf dem Gebiet der klassischen Medizin wie der Genetik und der Chirurgie haben wir bewusst Beschränkungen vorgenommen bei der Behandlung von Geburtsfehlern und ernsthaften Erkrankungen. Ansonsten dominiert heute ein eher ganzheitlicher und »sanfter« Ansatz. Die Betonung liegt auf der Aufrechterhaltung der Gesundheit durch präventive Maßnahmen. Wir sehen den Menschen in seiner integrierten Ganzheit von Körper und Geist und als integrativen Teil von Gesellschaft, Kultur und Umwelt. Die »sanften« Technologien, die das innere Wachstum der Menschen unterstützen, sind Früchte dieses holistischen Verständnisses von Gesundheit. Sie kombinieren alte Heilmethoden mit neuen biomedizinischen und psychophysikalischen Methoden und sind anerkannte Ergänzungen für die menschliche Entwicklung. Sie sind inzwischen weit verbreitet.

Auf dem Gebiet der industriellen Produktion konzentrieren sich unsere Technologien auf die Herstellung dessen, was nötig und nützlich ist, sowie auf eine Produktionsweise ohne nachteilige Nebenwirkungen. Die Industrie hat große Fortschritte gemacht bei der Wiederverwertung von industriellen und Haushaltsabfällen und hat Produkte mit hohen Belastungen für Luft, Wasser und Böden komplett ersetzen können durch umweltfreundlichere Alternativen.

Die landwirtschaftliche Produktion hat sich inzwischen so umgestellt, dass sie alle wesentlichen Aspekte einer gesunden Ernährung berücksichtigt. Wir haben verstanden, dass unser Körper Teil der irdischen Natur ist und dass natürliche Nahrungsmittel daher am besten geeignet sind, unsere Gesundheit und Vitalität zu erhalten. Neben der Bereitstellung von Nahrungsmitteln gewann Landwirtschaft auch für die Bereitstellung von »nachwachsenden Energieträgern« und »nachwachsenden Rohstoffen« neue Bedeutung. Hanf beispielsweise wächst in vielen Gegenden der Welt und kann gleichzeitig als Energieträger in vielen Fällen Öl ersetzen und als Rohstoff für die Herstellung von Papier, Textilien und manche Plastikarten dienen.

Großen Nachdruck legen wir auf die nachhaltige Sicherstellung von sauberem Wasser. In trockenen Weltgegenden werden die vorhandenen Wasservorräte ergänzt durch Meerwasserentsalzungsanlagen und Extraktion aus der Atmosphäre.

Unsere Transporttechnologien bemühen sich darum, den Wunsch nach Mobilität mit den Anforderungen von individueller Sicherheit und dem allgemeinen Wohl in Einklang zu bringen. Dies ist heute ein viel geringeres Problem als noch vor 20 Jahren, denn die Wiederbelebung von sich selbst versorgenden regionalen Märkten reduzierte den Bedarf an Transport von Menschen und Gütern über große Entfernungen drastisch. Ein anderer Faktor war das gestiegene Bewusstsein für den Wert von Naturgütern. Diese neue Wertschätzung führte uns dahin, alle Ressourcen, auch die erneuerbaren und ökologisch sauberen, als kostbar anzusehen, denn deren Gebrauch führt immer zu einem gewissen Maß an Belastung für die Natur. Die Belastung der Natur ist nicht abgeschafft, aber deutlich reduziert durch den Einsatz von sauberen, regenerativen Energien wie schnell nachwachsenden pflanzlichen Brennstoffen, flüssigem Wasserstoff, Brennstoffzellen, Druckluft und ähnlichen Technologien, die dezentral eingesetzt werden können.

Die heute eingesetzten Kommunikationstechnologien unterscheiden sich nicht wesentlich von jenen am Anfang des Jahrhunderts. Die Hardware ist kleiner, billiger und leistungsfähiger und die Software noch besser angepasst an die unterschiedlichsten Lebensanforderungen. Computer kommen in vielen Bereichen des täglichen Lebens zum Einsatz und befreien uns von zahlreichen monotonen und unangenehmen Arbeiten oder erleichtern diese, aber sie revolutionieren unsere Existenz nicht in der Weise, wie sich dies manche Science-Fiction-Autoren ausgemalt haben. Wir leben auf unserer Erde weiterhin im Kontext menschlicher Gemeinschaften und in der Verbindung zur Natur. Die Technik nutzen wir, um besser und nachhaltiger zu leben.

Eine einschneidende Veränderung im Gebrauch der Technologie trat ein in der Aufarbeitung der tiefen Konflikte und eskalierten Kriege in der ersten Dekade dieses Jahrhunderts. Die Führer und Menschen dieser Welt erkannten, dass es keine zuverlässigen Mittel gibt, um zu vermeiden, dass Waffen, die für die Verteidigung ersonnen wurden, auch für aggressive Ziele eingesetzt werden. Da es nicht durchführbar war, machtvolle Waffensysteme aus dem Arsenal einer Nation zu eliminieren, solange andere Nationen über dieselben oder ähnliche Waffen verfügten, kam es erst unter der Leitung der UPO zu einer weltweiten Abrüstung, wobei die Umsetzung in der Verantwortung der kontinentalen Föderationen lag. Die heutige technologische Forschung ist nicht mehr auf die Entwicklung neuer Waffensysteme fokussiert, sondern auf die Entwicklung von Technologien, die die Einhaltung der Abrüstungsvereinbarungen kontrollieren.

Außerdem trat eine radikale Deeskalation im zivilen Gebrauch von Waffen ein. Dank der verbesserten sozialen Lage und einer ausgewogeneren wirtschaftlichen Entwicklung gingen Gewalt und Kriminalität deutlich zurück. Durch das geringere Frustrationsniveau gibt es weniger Wut und Hass, und da nunmehr der Zugang zu tödlichen Waffen erschwert ist, wurde auch die Bedeutung von Bandenkriegen und organisierter Kriminalität deutlich zurückgedrängt. Der Bedarf an hochgerüsteten Polizeikräften und Hochsicherheitsgefängnissen hat sich reduziert. Lediglich eine kleine Anzahl von gut trainierten und hoch disziplinierten Einheiten zur Durchsetzung der Gesetze hat Zugang zu tödlichen Waffen. Gewöhnliche Polizisten sind ähnlich ausgestattet wie die Bobbies im England des 20. Jahrhunderts.

Unsere Art zu leben

Immer mehr Menschen bevorzugen einen kooperativen Ansatz am Arbeitsplatz und im Wirtschaftsleben allgemein, und immer mehr Menschen entscheiden sich, selbst Unternehmer zu werden. Die Konsequenz des freien Unternehmertums ist, dass es weiterhin signifikante Unterschiede gibt im Vermögen der Menschen. Aber ob sie nun reich oder arm sind, alle leben heute einfacher, viel einfacher als die Reichen zu Anfang des 21. Jahrhunderts. Sie nahmen einen einfacheren Lebensstil an, nicht nur wegen der Gesetzgebung und der Steuern (obgleich solche Mittel dazu Anreiz geben und die Gesellschaft vor zu extremem Reichtum schützen), sondern sie wählten ihren Lebensstil vor allem im Lichte einer verantwortungsvolleren Ethik.

Ein gutes Leben wird heute nicht mehr mit einem protzigen Leben gleichgesetzt, ganz im Gegenteil gilt exzessiver Reichtum als Zeichen für einen ärmlichen Charakter. Ein gutes Leben bedeutet heute durchaus komfortables Leben, in mancher Hinsicht auch Luxus, wenn der Luxus nicht in der Anhäufung von materiellen Gütern liegt, sondern in der Schaffung und Förderung von Schönheit und im Reichtum von lebendigen Erfahrungen. Das Hauptstreben gilt heute weniger dem wirtschaftlichen als vielmehr dem persönlichen Wachstum, dem Wachstum des intellektuellen und emotionalen Lebens, das nicht erreicht werden kann in der Isolation privaten Wohnens – sei dies in einem Palast oder einer Hütte –, sondern in der Umarmung seiner Familie, seiner Gemeinde und seines Landes sowie in der Verbundenheit mit der globalen Gemeinschaft aller Menschen und Länder.

Wenn Menschen zusammenkommen, um die Qualität ihrer Lebenswelt und ihrer Arbeitsumgebung zu verbessern, erfreut sich das Gemeindeleben einer Renaissance. Genau dies ist eingetreten. Ebenso eine Renaissance von Spiritualität. Immer mehr Frauen und Männer erleben eine Wiederentdeckung einer höheren und tieferen Dimension ihres Lebens. Mit der Wiederbelebung einer regional orientierten Wirtschaft als Ausgleich zur Globalisierung und einer besseren Absicherung für jeden Menschen nahm der Existenz bedrohende Druck ab und alle haben wieder mehr Zeit für so existenzielle Dinge wie Familie, Gemeinschaft und Natur und vor allem für ihre spirituelle Entwicklung.

Die Menschen leben heute länger und gesünder, aber das Bevölkerungswachstum wird nicht über das Niveau von acht Milliarden Menschen hinausgehen. Eine längere Lebensdauer wird ausgeglichen durch kleinere Familien. Die Menschen haben erkannt, dass es unverantwortlich ist, mehr Kinder in die Welt zu setzen als zur Erhaltung der Spezies erforderlich. Dies hat offensichtliche Vorteile: Bei kleinen Familien sind wir besser in der Lage, für unsere Kinder zu sorgen und sicherzustellen, dass sie zu gesunden Individuen heranwachsen und eine Erziehung erhalten, die sie zu glücklichen und verantwortungsvollen Menschen in den Armen der Gesellschaft und der Natur werden lässt.

Ein persönlicher Kommentar

Die Veränderungen in unseren politischen, wirtschaftlichen und sozialen Systemen und in unseren Lebensstilen, von denen ich berichtet habe, sind keine vorübergehenden Trends oder Modeerscheinungen. Sie folgen auch nicht aus einem Gehorsam gegenüber dem Diktat irgendeiner Obrigkeit. Die Veränderungen resultieren aus einem neuen Bewusstsein, das in meiner Generation in den Vordergrund trat – ein Bewusstsein, das sich in einiger Hinsicht stark unterscheidet vom Bewusstsein, wie es in meiner Kindheit noch gang und gäbe war.
Die Menschen, die nun eintreten in die dritte Dekade des 21. Jahrhunderts, weisen untereinander große Unterschiede auf – in ihrem religiösen Glauben, ihrem kulturellen Erbe, in ihrer wirtschaftlichen und technologischen Entwicklung, im Klima und in der Umwelt, die sie umgeben. Das neu entwickelte Bewusstsein macht es jedoch möglich, dass wir in einigen wirklich wichtigen Dingen übereinstimmen:

- Wir wissen und fühlen mit jeder Zelle in unserem Körper, dass alle acht Milliarden von uns Erdbewohnern Mitbürger dieses einen Planeten sind und alle ein Anrecht haben auf dessen Ressourcen und dessen lebenserhaltende Umwelt.
- Wir sind überzeugt davon, dass es für jeden von uns unethisch wäre, in einer Weise zu leben, die irgendjemandes Chance auf ein grundlegendes Wohlergehen und würdiges Leben beeinträchtigen würde.
- Wir glauben, dass die universellen Rechte, die sich unsere Eltern und Großeltern im 20. Jahrhundert zu Eigen gemacht haben – das Recht auf Freiheit von Unterdrückung, auf die Freiheit zur Wahl unserer Führer, die Freiheit von Folter oder willkürlicher Verhaftung und andere persönliche Freiheiten ebenso wie das Recht auf Nahrung, Obdach, Erziehung und Arbeit –, dass diese Rechte für jeden Menschen in unserer

globalen Gemeinschaft Gültigkeit besitzen und Beachtung verdient haben jenseits aller persönlichen oder ethnischen Überlegungen oder nationalen Interessen.
- Wir haben verstanden, dass die Natur kein mechanistisches Gebilde zur bloßen technischen Ausbeutung ist, sondern ein lebendiges System, das uns anvertraut wurde, um es zu schützen und zu bewahren.
- Wir haben gelernt, dass der Weg zur Lösung von Problemen und Konflikten nicht über gegenseitige Attacken führt, sondern über wechselseitiges Verstehen und die Kooperation für den Dienst an gemeinsamen Interessen.
- Und wir haben ebenfalls verstanden, dass der Schlüssel zur Aufrechterhaltung von Gesetz und Ordnung nicht im Einsatz von Schusswaffen und der Anwendung von Strafen liegt, sondern in größerer Fairness und Solidarität unter den Menschen.

Doch unsere zentrale Erkenntnis ist, dass die Art unseres Denkens und Handelns über unsere Zukunft bestimmt. Wenn wir nicht in Elend, Konflikt und Gewalt untergehen möchten, müssen wir erwachsen werden für das Leben in einer Welt, die nachhaltig ist und gleichwertige Chancen bereithält und die in der Lage ist, Frieden in die Herzen der Menschen zu tragen – die Voraussetzung für dauerhaften Frieden auf unserer Erde.

Teil II

You Can Change Yourself

Von Masami Saionji

Schöpfen Sie sich selbst!

Jedes menschliche Wesen, ohne Ausnahme, erschafft sich kontinuierlich selbst – mit der Lebensenergie, die in ihm fließt. Dieser Akt des Schöpfens ist die Mission Ihres Lebens. Ohne diesen gäbe es kein Leben. Ob zum Guten oder Bösen, Sie leben, weil Sie schöpfen. Was schöpfen Sie? Wie schöpfen Sie etwas? Dies hängt ab von Ihrem freien Willen.

Was ist Ihr Lebenszweck in diesem Dasein? Ich frage Sie dies, weil Ihr gegenwärtiges Sein in jedem Augenblick davon abhängt, wie Sie auf dem Weg dieser Schlüsselfrage voranschreiten. So wie Sie zu diesem Ziel fortschreiten, wenden Sie in jedem Augenblick Ihre Kreativität an, um das Selbst zu schaffen, das Sie sich vorstellen zu sein.

Das Objekt Ihrer Kreation ist nicht materieller Natur – es sind Sie selbst: Ihr »Selbst«. Es sind Ihre Persönlichkeit, Ihre Wertewelt, Ihr Verhalten, Ihr zukünftiges Leben. Materielle Dinge sind dabei sekundär. In der Weise, wie Sie sich schöpfen und wiederschöpfen, folgt der physikalische Aspekt dem auf natürliche Weise, denn Ihr physisches »Ich« ist ein Ausdruck Ihres essenziellen, grundlegenden Selbst.

Wenn Sie jedoch vergessen sollten, dass Sie sich schöpfen, und dann Ihre ganze Aufmerksamkeit zweitrangigen Dingen schenken, wenn Sie Ihre leuchtende Kreativität dazu missbrauchen, diese Dinge zu erlangen, werden Sie in der Tat das erhalten, was Sie erstreben. Wenn Sie so verfahren, werden Sie jedoch Unglück über sich bringen, denn Ihr Handeln würde sich gegen den universellen Fluss stellen.

Heute geriet nahezu die gesamte Menschheit in Konfusion, driftete von der natürlichen Ordnung ab und band sich an die Schöpfung sekundärer Dinge. Als Ergebnis davon bewegen wir uns auf einem sehr gefährlichen Pfad, einem Pfad, der mit Furcht, Sorgen und Leiden verbunden ist.

Durch alle Zeitalter hindurch haben wir uns als menschliche Wesen kontinuierlich neu geschaffen, und dieser Prozess ist keineswegs abgeschlossen. Dieser Prozess wird so lange fortdauern, solange wir atmen. Jeder Mensch ist ein Schöpfer: Was immer unser Land ist, unsere Religion oder unsere Kultur – jeder von uns steht im Prozess der Selbstschöpfung. Ob Senior oder junger Erwachsener, Kind oder Neugeborenes, Gläubiger, Atheist oder Materialist – jeder von uns schöpft fortwährend sein eigenes Selbst. Dies ist unsere originäre Mission und der Grund, weshalb wir uns auf der Erde befinden.

Aber im Laufe der Zeit schweiften die Menschen von dieser essenziellen Wahrheit ab. Je mehr wir davon abschweifen, desto verzweifelter werden wir. Und je mehr wir verzweifeln, desto weiter schweifen wir ab.

Immer mehr Menschen werden sich über diese Tatsache klar. Wir haben einen Zeitpunkt erreicht, an dem die Menschheit ihren Kurs verändern und einen vollständig neuen und positiven Weg schöpfen kann. Diese neue Schöpfung kann mit großer Freude und Erwartung verbunden werden, ungleich allem, was es in der Vergangenheit gab. Der Prozess der Schöpfung eines neuen, sich erweiterten Selbst wird einen unbeschreiblichen Segen für das Bewusstsein bringen. Wenn wir uns für den folgenden Weg entscheiden, wird jedermann zweifelsohne die Bedeutungslosigkeit davon erkennen, weitere negative Gedanken, Worte oder Emotionen zu schöpfen.

Wenn alle Mitglieder der Menschheit sich selbst kreieren auf der Basis harmonischer Wahrheiten, werden selbst unsere Körper nahezu unbegrenzte Entwicklungsmöglichkeiten entfalten. Jedes menschliche Wesen wird sich die Kraft entlocken, sich selbst von Krankheiten zu heilen und Schwierigkeiten zu überwinden. Wenn wir auf diesem Weg fortfahren, uns zu erschaffen, werden sich die Werke unserer Kreativität in völlig überraschender Weise ausweiten und allen Dingen erlauben, sich zu entwickeln und in perfekte Harmonie zueinander zu treten.

Es besteht keine Notwendigkeit für Sie, sich weiter auf einem Weg der Agonie abzukämpfen. Sie sind nun bereit, Ihr Leben neu zu schöpfen. Die Vergangenheit ist beendet und verschwunden. In dem Maße, wie immer mehr Menschen zusammenkommen, um gemeinsam ausschließlich gute, erfreuliche, wunderbare und harmonische Dinge zu kreieren, wird jedes Individuum wie auch die Menschheit insgesamt zu neuen Höhen im neuen Jahrtausend erwachen.

Die Macht der Kreativität

Niemand gibt gern zu, dass die Schwierigkeiten, mit denen er gerade konfrontiert ist, selbst gemacht sind. Und die meisten mögen auch nicht annehmen, dass dies der Fall sei. Als Folge davon nehmen die meisten Menschen, wenn etwas schief gelaufen ist, lieber an, dass es ihre menschliche Bestimmung sei, ein Leben mit Fehlschlägen zu führen. Bei jeder Aufgabe haben sie das Gefühl, dass sie diese nicht so gut erfüllen können wie andere. Jeden Tag sagen sie zu sich selbst: »Es geht nicht! Was immer ich tue, nichts führt zum richtigen Ergebnis. Jeder denkt, ich sei ein Fehlschlag – und sie haben Recht!«
Menschen tendieren dazu, sich selbst als ungeschickt und untalentiert anzusehen, und sie leben in einer ständigen Angst vor Fehlern. Auch wenn sie sich besonders bemühen, klagen sie sich selbst an, in ihren Anstrengungen nicht hart genug zu sein. Da sie davon überzeugt sind, dass sie nicht mit anderen mithalten können, gleichgültig wie sehr sie darum ringen, ist vieles von dem, was sie tun, von dem Wunsch getragen, nicht bemitleidet und belächelt und nicht als schwach und erbärmlich angesehen zu werden. Über einen langen Zeitraum haben diese Menschen ständig Bilder von sich erzeugt als Mängelwesen, als Menschen ohne Kreativität.
Diesen Menschen möchte ich sagen: Wie können Sie von sich

glauben, dass Sie ohne Kreativität seien? Ihr gegenwärtiger Weg wurde allein von Ihnen geschaffen – und allein diese Tatsache ist Beweis genug für Ihre Kreativität!

Was ist die Macht, was ist die Kraft, die »Kreativität« genannt wird? Es ist die Kraft des Lebens selbst. Es ist die Kraft zur Gestaltung Ihrer Gedanken, so wie sie in dieser Welt auftauchen. Kreativität ist die Kraft, die Sie anwenden, um Ihre Vorstellung in Realität umzuwandeln. Wenn Sie, wie das oben beschriebene »Mängelwesen«, sich selbst ständig als Fehlschlag sehen und dementsprechend ständig Bilder von Fehlschlägen in Ihrem Bewusstsein erzeugen, bedeutet dies nichts anderes, als dass Sie ständig an sich selbst als einer Figur eines Mängelwesens schmieden und diese Figur in Ihre Zukunft projizieren.

Es liegt ganz bei Ihnen, was Sie zu schaffen wünschen. Sie schaffen es, indem Sie Ihre eigene Lebensenergie – Ihre Kreativität – anwenden, und Sie bewegen sich damit entlang der von Ihnen gewählten Ziele.

Wie wichtig ist es daher für jeden von uns, dass wir unsere Ziele wirklich selbst setzen! Wenn Sie einmal entschieden haben, welche Art von Leben Sie steuern und welche Art von Persönlichkeit Sie sein möchten, wird Ihre kreative Kraft entlang dieses Wunsches tätig werden, und Ihr Leben wird in dieser Welt dementsprechend Gestalt annehmen.

Was ist Ihr Wunsch zu tun? Was möchten Sie werden? Ist es Ihr Wunsch, Ihrer Familie ergeben zu sein oder von anderen geliebt und respektiert zu werden? Stellen Sie sich als Person vor, die zum Geben fähig ist? Die ihre Hand ausstrecken kann zu Menschen, die in Problemen stecken? Vielleicht möchten Sie jemand sein, der seinem Land dient und Harmonie zwischen den Nationen, Kulturen und Religionen fördert. Vielleicht haben Sie auch eine spezielle Aufgabe im Sinn. Vielleicht möchten Sie ein Geschäftsmann oder ein Künstler, ein Arzt, eine Krankenschwester oder ein Sozialarbeiter werden. Vielleicht streben Sie danach, ein Pilot zu werden, ein Polizeioffizier, ein Architekt, ein Gärtner, ein Banker, ein Chef, ein Wissenschaftler oder ein Erfinder.

Wonach immer Sie trachten – wenn Sie Ihr Ziel bestimmt haben, können Sie die ersten Schritte in diese Richtung unternehmen. Erwarten Sie jedoch nicht, dass sich alle Ihre Träume schon am ersten Tag erfüllen.

Lassen Sie uns der Vorstellung folgen, Sie seien ein junges Mädchen oder ein Junge, die oder der ein Konzertviolinist beziehungsweise eine Konzertviolinistin werden möchte. Wenn es Ihr tiefer Wunsch ist, die Violine sehr gut zu spielen, müssen Sie über verschiedene Ebenen des Studiums, der Praxis und des Trainings voranschreiten, so dass Ihre Lebensenergie schrittweise auf dieses Ziel hinarbeiten kann.

Zu jeder Zeit wird Ihre kreative Macht durch Ihr Bewusstsein freigesetzt. Ebenso wie Geburt und Tod im Kontinuum des Lebens untrennbar miteinander verbunden sind, sind Kreativität und Bewusstsein in der Lebenskraft, die Ihnen aus der Lebensquelle zufließt, miteinander verknüpft. Während Sie sich um das Erreichen Ihres Ziels bemühen, erschaffen Sie sich von Augenblick zu Augenblick selbst.

In diesem Prozess mögen Sie beides erfahren: Leiden und Freude. Es mag Zeiten geben, in denen Sie aufgeben möchten, in denen Sie verzweifelt sind oder rebellieren möchten, in denen Sie sich verletzt oder minderwertig fühlen.

Auch mögen unterschiedlichste Umstände in Ihrem Leben auftauchen. Es mag sein, dass Sie wegen der Arbeit Ihrer Eltern umziehen müssen oder dass sich Ihre Ansichten nicht mit jenen Ihrer Lehrer vertragen. Oder andere Umstände mögen für Sie eine Herausforderung bedeuten, wie Ihre Familiensituation, Ihre finanzielle Lage oder die Konstitution Ihrer Fertigkeiten. In all diesen Situationen und Zeiten ist es wichtig, den weisesten Weg zur Anwendung Ihrer Kreativität zu finden. Wenn Sie zu jeder Zeit Ihr Ziel in Ihrem Herzen behalten, werden Sie in der Lage sein, die hilfreichsten Optionen zu kreieren, um dieses

Ziel zu erreichen, gleichgültig welche Schwierigkeiten auftauchen.
Was immer Ihr Ziel ist: Jeder von uns muss sich die folgenden Fragen stellen: »Was muss ich jetzt tun? Was sollte Priorität in meinem Denken haben? Mit welchen Gefühlen werde ich auf die Fragen antworten?« Es gibt viele Dinge zu bedenken. Wenn wir ein langfristiges Ziel erreichen möchten, müssen wir kleine tägliche Teilziele kreieren und unsere Wahl in jedem Augenblick neu treffen.
Wenn wir die besten Ergebnisse erreichen möchten, dürfen wir unter keinen Umständen eine geistig schwache Haltung einnehmen. Wir dürfen niemals die Hoffnung aufgeben.

Zweifeln Sie niemals an sich selbst

Bisher haben viele Menschen ihr Leben in eine negative Richtung entwickelt. Anstatt ihre kreative Kraft anzuwenden, um ihre eigenen wunderbaren Fähigkeiten auszubilden, lehnen sie sich lieber an andere an. Wenn ihnen eine Aufgabe als schwierig erscheint, verwenden sie viel Energie darauf, Wege zu finden, damit diese Aufgabe durch andere erledigt wird. Wenn eine Aufgabe herausfordernd erscheint, richten sie enorme Energie darauf, auf die Talente anderer zu vertrauen. Wie können wir andere benutzen? Wie können wir uns hinter ihnen verstecken? Wie können wir es vermeiden, von anderen verachtet, verleumdet oder verlacht zu werden? Indem wir viele Jahre unsere Kreativität auf Bemühungen wie diese richteten, wurden wir zu Experten in der Kunst der Abhängigkeit. Zu sehr guten Experten.
Es ist tragisch, dies wahrzunehmen, da wir doch wissen, dass ganz grundlegend wir gemeint sind, unsere kreative Energie darauf zu verwenden, unsere eigenen Talente zu entwickeln und unseren Weg eigenständig zu gehen. Allzu häufig nehmen Menschen die Aufgaben, für die sie verantwortlich sind, nicht

an, oder sie vermeiden es, Dinge zu tun, die sie eigentlich tun könnten, nur weil sie in der Haltung der Abhängigkeit von anderen verharren.

Wie können wir uns aus dieser negativen Art des Lebens erheben? Zuallererst müssen wir unsere Selbstzweifel beenden. Der Glaube an uns selbst ist der erste Schritt – mit ihm beginnt die Reise.

Alle Menschen, die ein unglückliches Leben führen, zweifeln an sich selbst. Alle, die ein glückliches Leben führen, glauben an sich selbst. An sich selbst zu glauben bedeutet ein Leben in Würde, Selbstvertrauen und Mut.

Warum zweifeln Menschen an sich selbst? Weil sie sich selbst nicht wirklich kennen und weil sie sich zu wenig darum bemühen, sich selbst kennen zu lernen. Wenn Sie wirklich wünschen, glücklich zu sein, trennen Sie sich von Ihrer Vorliebe für Zweifel. Zweifel kann nie etwas Strahlendes oder Neues hervorbringen. Zweifel sind ausschließlich zerstörerisch. Der Zweifel zieht ausschließlich Dunkelheit an. Wenn sich der Zweifel in Ihr Bewusstsein einschleicht, erlauben sie ihm niemals, Kontrolle über Sie zu erlangen. Konfrontieren Sie Ihren Zweifel sofort mit den Fakten, auf die er sich bezieht. Wenn Sie sich über die Fakten im Klaren sind, können Sie Ihre Aufmerksamkeit darauf richten, positive Antworten zu finden.

Zweifeln Sie vor allem niemals an einem Mitglied Ihrer Familie. Was immer geschehen mag und wie immer die Dinge erscheinen, lassen Sie keine Spur von Zweifel aufkommen. Zweifel sind strikt tabu. Wenn Sie keinen Zweifel hegen, wird sich alles auf natürliche Weise zum Positiven wenden. Alles verändert sich zum Besseren.

Entscheidend ist, Ihren Herzenswunsch zu pflegen und ihn nahe bei sich zu halten, jeden Tag. Laut einem Sprichwort werden viele Tropfen zu einem Fluss ... Stück für Stück wird das, was Sie jeden Tag kreieren, zu etwas Größerem heranwachsen – solange Sie Ihren Daseinszweck in dieser Welt vollenden.

Von seinem Anfang bis zu seinem Ende ist das Leben ein Schöpfungsakt, ein andauernder Prozess des Schöpfens. Im Augenblick des Todes werden die Ergebnisse dieses Prozesses klar.
Es ist nicht notwendig, gleich zu Beginn Großes zu schaffen, aber es ist wichtig, den Blick hoch zu richten. Wenn Sie immer weiter fortfahren, sich selbst zu schöpfen, dann können Sie sicher sein, dass Sie das, was Sie erreichen möchten, auch erreichen werden.
Wie glücklich macht es uns, wenn wir etwas kreieren können? Und wohin wird uns dies führen? Die Zukunft wartet darauf, geschaffen zu werden.

Die Macht Ihrer Worte

Ein kleines Wort von uns ist in der Lage, die Gefühle eines Menschen zu verletzen oder ihn wütend zu machen. Aber auch die Umkehrung ist richtig: Ein einziges Wort von uns kann Menschen glücklich machen oder ihr Leiden erleichtern.
Ursprünglich war dies jedoch nicht der Zweck von Worten. Worte wurden nicht entwickelt, damit Menschen miteinander sprechen können oder ihre Ideen und Gefühle austauschen. Der ursprüngliche Zweck war ein anderer.
Wenn dies richtig ist, was *ist* dann ein Wort? Woher kommt es und was leistet es? Irgendetwas ist mysteriös und wichtig an Worten – aber was?
Wenn wir alte Heilige Schriften lesen, fühlen wir etwas Mystisches in den Textstellen, die sich zum Thema »Worte« äußern. Wir möchten dann mehr darüber wissen, wir möchten verstehen, was gemeint ist, und daher stellen wir uns Fragen.
In seinem Werk *Fragen des Glaubens* antwortete Masahisa Goi auf eine dieser Fragen:

»*Frage:* Im Neuen Testament heißt es: ›Im Anfang war das Wort …‹ Mein Gefühl sagt mir, dass dieser Vers zweifellos eine hohe und wertvolle Wahrheit enthält, aber ich kann seine Bedeutung nicht erfassen. Können Sie mir diese erklären?
Antwort: Allgemein gesprochen, wenn Menschen an ein Wort denken, nehmen sie dieses an als eine Äußerung, die durch die Schwingung des Kehlkopfes erzeugt wurde. Wenn jedoch Jesus von ›Wort‹ spricht, nimmt er Bezug auf den Widerhall oder die Wellen, die von der Quelle des großen Universums ausgesandt werden. Er bezieht sich auf Wellen des göttlichen Lichts. Dasselbe Konzept wird im Shinto-Glauben gelehrt. Wenn göttliches Licht über das Mittel der physischen Stimme transportiert wird, nennen wir dies ebenfalls ›Wort‹. Diese Lichtwellen tragen die Macht in sich, die alles im Universum hervorbringt … Daher sagen wir, alles sei aus ›Worten‹ zusammengesetzt und komponiert.«[*]

Mein Verständnis hierzu ist Folgendes: In früher Vorzeit, als der menschliche Geist begann, aus seiner Quelle hervorzutreten, war er noch eins mit dem Universum und konnte die Resonanz oder das »Wort« dieser universalen Quelle unmittelbar verstehen. Gleichzeitig konnte der menschliche Geist die Gefühle und Intentionen seiner Mitgeschöpfe unmittelbar wahrnehmen. Für die Kommunikation untereinander gab es keine Notwendigkeit zur Benutzung von Worten. Sie konnten einander perfekt verstehen ohne Worte, schlicht durch die Wahrnehmung der Ideen und Gefühle der anderen.
Auch heute können wir die Existenz dieser ungesprochenen Herz-zu-Herz-Kommunikation bezeugen: Mütter können die Gefühle ihrer Neugeborenen und Kinder »empfangen«, auch

---

[*] *Questions of Faith,* Masahisa Goi, November 1959. (Masahisa Goi [1916–1980] war japanischer Schriftsteller und Philosoph. Seine Vision des Friedens gab die Inspiration für die Goi Peace Foundation, die von Masami Saionji geleitet wird.)

wenn diese noch nicht sprechen können; Ehepaare und Familienmitglieder können einander bestens verstehen, ohne Worte zu gebrauchen. Durch die Gedanken und Gefühle, die allen Worten vorausgehen, können Menschen auf natürliche Weise ineinander hineinhören.

Warum haben wir dann überhaupt begonnen, Worte zu benutzen? Wir haben mit dem Gebrauch von Worten begonnen, nicht um zu anderen zu sprechen, sondern zu uns selbst. Als wir eine göttliche Resonanz spürten, die aus einer höheren Dimension kam, benutzten wir Worte, um dies auszudrücken – zunächst gegenüber uns selbst und nicht gegenüber anderen.

Wozu diente dies? Was war die Notwendigkeit für Worte? Die Menschen benötigten Worte, um den Dingen in dieser dreidimensionalen Welt eine Form zu geben. Wir benutzten Worte, um materielle Schöpfungen zu schaffen aus der außerordentlichen Weisheit, Freiheit und kreativen Macht, die allen menschlichen Wesen gegeben ist. In schneller Folge wurden materielle Dinge geschaffen aus der spirituellen Kraft und göttlichen Energie unserer eindrucksvollen, mächtigen Worte.

Ursprünglich waren die Worte, die wir aussprachen, an uns selbst gerichtet und gleichzeitig an die universelle Quelle. Hieraus resultierte die individuelle Energie. Das individuelle Licht und die persönliche Kraft wurden konzentriert und zusammengeführt mit der immensen Macht aus der universellen Quelle. Dies ist es, was unsere Gedanken dazu führte, als Gestalten in dieser Welt zu erscheinen. Heutzutage nennen wir diese Art von Aktivität »Erfindung« und »Entdeckung«. Sie treten hervor, wenn wir unsere innere kreative Macht anrufen und sie durch Worte manifestieren.

Materielle Schöpfungen können nicht allein durch Gedanken in diese Welt getragen werden. Allein wenn sich unsere Gedanken in »Worten« konzentrieren und dabei mit universeller Kraft und Energie verknüpft sind, werden sie in dieser Welt Gestalt annehmen. Dies ist der Grund, weshalb ich sage, dass Worte in ihrer ursprünglichen Bedeutung nicht dazu da waren, Bedeutungsinhalte zwischen Menschen zu kommunizieren.

Durch die Anwendung der bemerkenswerten Weisheit, Intuition und kreativen Kraft in uns haben wir Menschen so brillante, wunderbare, nützliche und schöne Dinge geschaffen. Wir haben zu außerordentlicher Freude gefunden durch den Gebrauch unserer Fähigkeit, Gegenstände hervorzubringen, die als so notwendig, wichtig und wertvoll für die Menschheit erscheinen.

Zunächst fanden wir für uns heraus, was notwendig für uns selbst und für andere war. Dann haben wir diese Ideen durch »Worte« (konzentrierte Energie) zum Ausdruck gebracht, die wir an uns selbst und an die universelle Quelle richteten. Durch diese »Worte« arbeiteten die Menschen mit der unendlichen Energie zusammen, die aus der universellen Quelle überströmt und die Dinge dazu veranlasst, sich in dieser Welt zu manifestieren.

Am Anfang war die Menschheit in vollständiger Einheit mit allem, was im Universum existiert. Wir waren individuelle Lichtstrahlen des Lebens, feinsinnige Vibrationen, die aus dem einen, alles umfassenden *Leben* hervortreten. Dann, zu gegebener Zeit, gab das Universum den physischen Körper des Menschen zur Geburt frei durch die Verursachung derart subtiler Vibrationen, die zu einer festeren, greifbareren Frequenz führten.

Da die Vibrationen des menschlichen Körpers anfangs noch nicht vollständig fest und greifbar waren, so wie sie es heute sind, konnten die Menschen zu dieser Zeit ihre Vibrationen noch frei regulieren. Wir konnten unsere Göttlichkeit durch zarte Vibrationen des Lichts ausströmen. Oder, indem wir unsere Vibrationen fester werden ließen, konnten wir erneut physikalische Einheiten werden. Auf diesem Wege kann sich der Geist frei vor und zurück durch den universellen Raum bewegen und beides genießen – unsere göttliche Existenz und unser Leben als menschliches Wesen.

Später entfalteten die Menschen Schritt für Schritt mehr Interesse am physischen Aspekt des Lebens. Wir wollten für einen längeren Zeitraum auf der physischen Entwicklungsstufe leben. Um einen verlängerten Aufenthalt auf dieser Ebene zu ermöglichen, wurde es erforderlich, unseren Einfallsreichtum darauf zu richten, entsprechende Dinge zu entdecken und zu erfinden. Als Individuen ihre Weisheit hierauf konzentrierten und mehr und mehr Erfindungen in diese Richtung machten, schufen wir jene Dinge, die notwendig sind, um unser physisches Leben zu verlängern. Durch »Worte« kreierten wir nach und nach materielle Dinge und berauschten uns am Entzücken des Schöpfens.

Wir begannen ferner, Interesse an jenen Dingen zu haben, die andere erfanden. Der Wunsch erwachte, bessere, nützlichere und erstaunlichere Dinge zu schaffen – Dinge, die andere Menschen beeindrucken und aufs Äußerste überraschen. Auf diese Weise begannen die Menschen schrittweise, in einen Wettbewerb miteinander zu treten.

Zu Beginn hatten die Menschen einen guten und nützlichen Einfluss aufeinander. Wir stimulierten und ermutigten einander und durch diesen freundschaftlichen und freien Wettbewerb schufen wir wunderbare, praktische Dinge. Später gewann dieser Konkurrenzgeist Stück für Stück an Stoßkraft und das egoistische Selbst nahm Gestalt an. Menschliche Interaktion wurde lebhafter und schärfer und die Menschen richteten ihre Aufmerksamkeit immer mehr auf die Produktion von Dingen, die auf andere einen unvorteilhaften Einfluss hatten.

Die Gesetze der Harmonie

Ursprünglich residierten die menschlichen Wesen in einer höheren Dimension, in einer himmlischen Art von Welt. Dann veränderte sich die Situation graduell. Die Worte, die die Menschen sprachen, verursachten Verletzung, Leid und Furcht. Das menschliche Bewusstsein sank auf eine niedrigere Stufe ab.

Die Menschen schufen weiterhin jene Dinge, die sie erschaffen wollten. Doch da die Kreation schädlicher Dinge gegen die Gesetze der Harmonie verstieß, hielt sich die universelle Energie damit zurück, genügend Energie bereitzustellen, um solche Dinge schnell zu manifestieren. Daher dauerte es nunmehr sehr lange Zeit, bis derartige Dinge in der Welt geschaffen wurden.

In dieser Zeit wichen die Menschen immer mehr von der originären Wahrheit ab und trennten sich manchmal vollständig von der göttlichen Intention. Wir wussten nicht länger, wie wir die Energie, die von der göttlichen Quelle strömt, erhalten und verwenden könnten.

Da unser Interesse an einem materialistisch orientierten Leben wuchs, trugen wir unsere Kapazitäten zusammen und setzten diese extensiv ein. Dies führte zu einer eindrucksvollen Entwicklung einer materialistischen Zivilisation, in der sich einige eines Lebens in materiellem Luxus erfreuen. Doch in diesem Prozess vergaßen wir die Wahrheit und das Licht unseres originären Seins. Für lange Zeit blieb dieser Zustand in uns dominant.

Dennoch haben Licht und Wahrheit den Menschen nie verlassen. Die Wahrheit lebt immer und konstant in jedem von uns. Jedoch hat die Fähigkeit, vollen Gebrauch zu machen von der uns innewohnenden Weisheit, Intuition und heilenden Kraft, nachgelassen. Die Bewusstheit der Menschen ist auf eine niedrigere Ebene abgesunken.

Wenn lichtvolle Gedanken freigesetzt werden, verwandeln sich diese in lichtvolle Worte, lichtvolle Worte bringen lichtvolle Schöpfungen hervor und lichtvolle Schöpfungen produzieren lichtvolle Dinge. Da dieser Prozess dem universellen Gesetz folgt, bringt er die Energie des Universums in Bewegung und macht es möglich, brillante, noble Objekte, die der Menschheit nützlich sind, zu manifestieren.

Wenn der Prozess andererseits eine negative Wendung nimmt, führen negative Gedanken zu negativen Worten, zu negativen

Schöpfungen und zu negativen Dingen, die dem Gesetz des Universums entgegenlaufen.

Gedanken und Worte sind in sich selbst Macht. Doch negative Gedanken und Worte schaffen verzerrte Dinge, schädliche Phänomene und feindliche Bedingungen. Wenn keine weitere Energie aus der universellen Quelle bezogen werden kann, wird es extrem schwer und dauert unabsehbar lange Zeit, bis der Prozess der Manifestation sich erfüllt. Dies ist ebenfalls nichts als ein großes Geschenk der Liebe vom Universum.

Auch wenn wir als menschliche Wesen mit all unserer Macht negative Gedanken und Worte ausgesandt haben, so bedeutet diese Gnade konsequenterweise, dass sich die negative Materialisation auf ein Minimum beschränkt. Da es andererseits für negative Worte so schwer ist, sich in dieser Welt zu materialisieren, zirkulieren unsere negativen Gedanken weiterhin in uns und gewinnen – bestärkt durch die Energie, die wir ihnen geben – einen starken Einfluss auf unser Bewusstsein und unseren Körper. Während die negativen Worte, die durch unsere negativen Gedanken erzeugt wurden, sich ausschließlich gegen uns selbst richten, realisieren wir nicht, dass wir selbst die Verursacher unseres Leidens und unserer Qualen sind, da alles, was wir aussenden, zu uns zurückkommt. Dies ist ein weiteres Schöpfungsgesetz.

Da wir ein Verhalten formten, das unsere Worte mehr an andere richtete anstatt an uns selbst, wurden Worte in entgegengesetzter Weise zu dem genutzt, wozu sie bestimmt waren. Als Ergebnis davon meinen die meisten Menschen heute, Worte seien vor allem Werkzeuge der Kommunikation.

Da sie so denken, sehen Menschen nichts Falsches darin, böswillige Worte, grausame Worte auszusprechen und Worte, die für andere Menschen Leiden bewirken. Heutzutage setzen Menschen ihre Worte wie Schwerter ein, die andere grimmig verletzen. Sie verstehen nicht, dass solche bösen Worte eventuell zu ihnen zurückkehren.

Um es ganz offen zu sagen: Der Prozess läuft wie folgt ab: Was immer wir denken und sagen – wir denken und sprechen über uns selbst. In dem Augenblick, in dem Worte unsere Lippen verlassen, haben wir sie zu uns selbst gesprochen.

Dies sollte uns aufschrecken lassen. Wenn wir wissen, dass alle unsere Worte auf uns selbst gerichtet sind, beginnen wir, unsere Worte abzuwägen und sie behutsam zu wählen. Wir fühlen dann die Notwendigkeit, nur gute Worte, die mit Licht gefüllt sind, zu benutzen. Was immer die Situation ist, wir sollten uns zurückhalten, negative, hasserfüllte, dunkle Worte zu benutzen. Wir können uns nicht dazu verleiten, solche Worte zu verwenden, wenn wir wissen, dass wir damit uns selbst ansprechen.

Aber was haben wir so lange Zeit getan? Jedes menschliche Wesen hat diese ihm innewohnende Wahrheit verleugnet. Wir haben Worte nicht »genutzt«, sondern »missbraucht«. Dieser schreckliche Missbrauch der Worte wurde zur Basis unserer kalten, unmenschlichen Welt, die wir um uns herum gebaut haben.

Während wir durch das 21. Jahrhundert voranschreiten, müssen wir unsere Illusionen über die Worte hinausfegen. Alle negativen Worte müssen gereinigt werden. Wenn das Leben auf dieser Erde erhalten werden soll, müssen alle unsere Worte hell und harmonisch werden.

Wenn wir auf die Geschichte der Menschheit zurückblicken, werden wir feststellen, dass es keinen anderen Grund gibt für die vielen Konflikte, Schwierigkeiten, Leiden und Diskriminierungen als die Art, wie jedes einzelne Individuum von Worten Gebrauch gemacht hat. Kriege, Krankheiten, Naturkatastrophen – alle überkamen sie die Menschheit durch die Macht des von jedem Menschen gesprochenen Wortes.

Wenn wir den Wunsch hegen, leuchtende und harmonische Bedingungen in die Welt zu bringen, ist der beste Weg hierzu, ausschließlich gute Gedanken in unserem Bewusstsein zu tragen und ausschließlich gute Worte mit unserer Stimme auszusprechen. Wir müssen unsere leuchtendsten Hoffnungen und Wünsche zum Ausdruck bringen. Wir müssen sagen: »Ich kann es sicher tun. Alles ist möglich. Alles wird sich perfekt fügen. Alles wird sich zum Besseren wenden. Alle Krankheiten werden beseitigt. Alle Bedürfnisse werden erfüllt. Alles wird zu Harmonie finden. Ich werde meine Talente entwickeln. Ich werde wunderbare Freundschaften aufbauen. Ich werde eine großartige Ehe haben ...« Wir müssen unseren am meisten gehegten Hoffnungen eine Stimme geben.

Die Worte, die wir sprechen, werden die Welt des 21. Jahrhunderts kreieren. In dem Maße, wie wir fortfahren, Worte zu sprechen, die mit Dankbarkeit, Lob, Hoffnung und Ermutigung erfüllt sind, werden unsere Worte die entsprechende Energie aus dem Universum anziehen und Bedingungen von Gesundheit, Glück, Harmonie und unbegrenzter Entwicklung in unserer Zukunft erzeugen.

Alle lebenden Wesen sollten durch Worte, die von Freude und Licht erfüllt sind, besänftigt und belebt werden. Die gesamte Menschheit sollte mit allem in Natur und Schöpfung verschmolzen werden. Dies wird geschehen, wenn wir alle Formen des Lebens respektieren und mit Worten des Lobes und der Würdigung überschütten: »Danke, geliebte Erde! Dank an die Luft, das Wasser, die Berge, die Ozeane, die Flüsse, die Steine, die Tiere und die Pflanzen!«

In seiner tiefsten Bedeutung meint »Wort« vor allem »Vibration des Lebens«. Alle menschlichen Wesen und alles Leben senden fortwährend Vibrationen des Lebens aus, also »Worte«. Das Problem ist, dass die meisten von uns diese Worte nicht vernehmen. Oder es mag mehr den Punkt treffen zu sagen, dass wir den Willen verloren haben, sie zu hören. Wenn wir auf diese Worte hören wollten, wären wir fraglos fähig, sie zu hören.

Die Felsen und der Sand sprechen »Worte«. Das Meer und die Flüsse sprechen ebenfalls. Tiere und Pflanzen sprechen. Die Sonne, die Sterne und die Planeten sprechen ebenfalls Worte –

sie singen das Lob des Lebens, sie singen von der Freude und der Ewigkeit des Lebens.

Viele Menschen von heute haben vergessen, wie sie auf diese »Worte« hören können, aber die Zeit, in der alle von uns wieder dazu erwachen werden, wird sicher kommen. In dieser Zeit wird die Natur wieder lebendig werden und Harmonie wird sich über die Erde ausbreiten.

Wie Sie das Glück einladen können

Was war zuerst – die Henne oder das Ei? Jeder kennt diese uralte Frage und wir könnten lange Zeit darüber debattieren, ohne je eine Antwort zu finden.

Lassen Sie uns unterstellen, dass das Ei zuerst da war und die Henne danach. Wir bleiben dann vor dem Rätsel stehen, woher das Ei kam. Unabweislich müssen wir schlussfolgern, dass das Ei von der Henne geboren wurde. Die Henne wiederum trat aus dem Ei hervor. Dies ist der endlose Zirkel von Ursache und Wirkung – niemand weiß, wie er wirklich beginnt und endet.

Lassen Sie uns für einen Augenblick definieren, dass das Ei die Ursache und die Henne die Wirkung war. Jemand mag sagen, dass die Ursache (das Ei) zuerst kam, während jemand anderes behaupten mag, dass die Wirkung (die Henne) der Ursache vorausging. Abhängig von Ihrem Standpunkt und der Art Ihres Denkens können Sie die Theorie von »Ursache und Wirkung« unterstützen oder jene von »Wirkung und Ursache«. Mir scheint, dass es jedem freisteht, seine eigene Wahl zu treffen.

An diesem Punkt mögen Sie einwenden, dass Sie zwar von der Theorie von »Ursache und Wirkung« gehört haben, aber niemals von einer Theorie der »Wirkung und Ursache«. Das liegt daran, dass die Theorie von »Wirkung und Ursache« neu ist und von mir erfunden wurde. Nach dem Gesetz von Ursache und Wirkung ist die Ursache zuerst und die Wirkung folgt dem nach. Mit dem Gesetz von Wirkung und Ursache kommt zuerst eine Wirkung, die ihrerseits eine neue Ursache produziert.

Warum habe ich dieses Konzept eingeführt? Lange Zeit haben Menschen sich selbst gegenüber starke Restriktionen eingeführt, um nicht auf ewige *Kreisläufe* von Ursachen und Wirkungen zu bauen. Es belastet mein Herz, ihre Pein zu sehen, und ich wünsche daher, ihnen dabei zu helfen, sich zu befreien, so dass sie ein glückliches und kreatives Leben führen können.

Das Gesetz von Ursache und Wirkung: Wenn Sie den Samen von Veilchen anpflanzen, werden Veilchen heranwachsen und blühen. Hier ist das Pflanzen des Samens die Ursache. Es bringt seine Wirkung hervor, das Blühen der Veilchen.

Ein Paar heiratet, weil es sich verliebt hat. Da die Schwiegermutter stets ihre Schwiegertochter scheltet, mag die Schwiegertochter sie nicht. Da der Ehemann seiner Frau nicht glaubt, endet die Ehe in Scheidung. Auch in diesen Beispielen nehmen wir bestimmte Ursachen wahr, die bestimmte Wirkungen hervorrufen. Alle Zustände in der Welt können durch das Gesetz von Ursache und Wirkung erklärt werden. Dieses Gesetz ist in der heutigen Welt weithin bekannt und akzeptiert.

Doch wenn die Menschen das Gesetz von Ursache und Wirkung tatsächlich verstehen, warum wiederholen sie dann ständig dieselben Missstände und Fehler? Wenn sie verstehen, dass ihr gegenwärtiges Leiden und ihre Traurigkeit Ergebnisse von vorhergehenden Ursachen sind – warum legen sie nicht ein Gelübde ab, niemals wieder denselben Fehler zu wiederholen?

Das Gesetz von Ursache und Wirkung stellt einen hilfreichen Schlüssel dar zur Identifizierung der Ursachen unseres Unglücklichseins. Doch wenn wir uns niemals von solchen Ursachen befreien, wird es extrem schwierig für uns, eine glückliche Zukunft zu schaffen.

Das Gesetz von Wirkung und Ursache: Nach dem Gesetz von Ursache und Wirkung entstammt die Ursache des Unglücklichseins immer einer fertigen und relativen Sicht der Welt. Beispielsweise tendieren Menschen dazu zu denken: »Wenn ich nur Vermögen hätte!«, »Wenn ich nur ein Haus oder Land hätte!«, »Wenn ich nur jünger und schöner wäre!«, »Wenn ich nur einen besseren akademischen Abschluss hätte, für eine angesehenere Firma arbeiten würde oder eine bessere Herkunft hätte!« Die Liste der Dinge, nach denen sich die Menschen sehnen, ist endlos. Solange Menschen in dieser Weise denken, ist es unvermeidlich, dass manche zwar ihr Glück finden werden, aber andere zum Unglück verbannt sind.

Das Gesetz von Wirkung und Ursache beginnt jedoch genau dort, wo wir die Ursachen einer begrenzten Welt überwinden. Unter diesem Gesetz erzeugen wir zuerst eine leuchtende Wirkung, der eine freudvolle neue Ursache auf natürliche Weise folgt. Wir beginnen mit dem Hervorrufen einer Wirkung aus dem grenzenlosen Reich unserer Kreativität. Anstatt die begrenzten Ziele einer materialistisch orientierten Welt zu fokussieren, richten wir unsere Aufmerksamkeit auf die unbegrenzten Möglichkeiten des Geistes.

Es ist viel einfacher, als wir denken, eine Wirkung unserer Wahl zu erzeugen. Dies ist so, weil in uns Wirkungen in reicher Zahl vorhanden sind. In der Vorstellungskraft jedes Menschen ruhen unbegrenzte Quellen für Liebe, Gesundheit und Glück. Wenn wir unser Bewusstsein auf diese unermesslichen Qualitäten abstimmen, werden diese ganz unvermittelt eine Fülle neuer Ursachen hervorrufen.

Versuchen Sie Ihre Gedanken auf die glückliche Person zu richten, die jederzeit in Ihnen existiert. Stellen Sie sich ein Gefühl von kontinuierlicher Harmonie, Ruhe und Frieden des Geistes vor. Führen Sie sich die Vision einer freudigen Familie vor Augen, in der Sie von einem wunderbaren Partner und wunderbaren Kindern umgeben sind. Zeichnen Sie sich selbst in einer Weise, wie Sie in Wahrheit in Ihrer Essenz sind: strahlend vor Vitalität und im Gleichklang mit dem Universum lebend.

Glück kommt zuerst im Herzen zum Erwachen. Dann wird durch

die Energie, die das Herz aufruft, all das angezogen, das Glück verursacht. Auch materielles Glück und glückliche menschliche Beziehungen werden sich Ihnen spontan zuwenden.

Dies ist der Punkt, den ich hervorheben möchte: Wenn Sie die Ursachen verstanden haben, die zur materiellen Welt gehören, gibt es keinen Grund mehr, sich durch diese weiterhin niederhalten zu lassen. Ihr nächster Schritt wird sein, sich der Zukunft zuzuwenden. Wenn Sie Ihre Aufmerksamkeit auf die unbegrenzte Welt des Geistes ausrichten, werden die Phänomene, die Sie sich wünschen, auf natürliche Weise in Ihrem Leben Gestalt annehmen. Anstatt Ihr Glück in der Quantität materieller Vorteile zu definieren, sagen Sie zu sich selbst, dass alles, was Sie sich wünschen, in einer Welt existiert, die die materielle Welt weit übersteigt.

Es besteht keinerlei Notwendigkeit, in ständiger Angst vor dem Gesetz von Ursache und Wirkung zu leben. Sie können einen Samen pflanzen, aber ein Problem nicht dadurch heilen, indem Sie darüber trauern. Wenn Sie stets in Furcht vor den Wirkungen Ihres früheren Handelns leben, werden Sie alle Ihre Tage in Furcht und geistiger Gefangenschaft verbringen.

Wenn die Wirkungen Ihrer vergangenen Handlungen in Ihrem Leben auftauchen, versuchen Sie zu denken, dass alle diese Dinge nur deshalb erscheinen, damit sie für immer verschwinden können. Lassen Sie sich nicht klein machen durch die Fehler der Vergangenheit. Fahren Sie fort, leuchtend und sicher zu leben im stabilen Glauben: Wenn die Ursachen der Vergangenheit verschwunden sind, werden die Dinge sich definitiv zum Besseren wenden.

Meine Theorie von Wirkung und Ursache geht einen entscheidenden Schritt über das Gesetz von Ursache und Wirkung hinaus. Sie ist die Philosophie eines standhaften, lichtorientierten Denkens, die uns dazu befähigt, das Licht zu fokussieren. Sie ist ein Weg, unser unbegrenztes Potenzial hervorzurufen. Glücklicherweise ist der Weg dorthin sehr einfach: Wenn Ihnen ein dunkler Gedanke in den Sinn kommt, setzen Sie ihm einen hellen entgegen. Wenn Sie ein pessimistisches Gefühl umgibt, durchbrechen Sie es mit der positiven Energie eines optimistischen Wortes. Schaffen Sie leuchtende neue Wirkungen, von morgens bis abends. Mit anderen Worten: Erschaffen Sie Gedanken voll von Harmonie, Glück, Optimismus und menschlicher Liebe.

Wenn Sie stattdessen ganz der Versuchung erliegen, die Ursachen für jede Erscheinung in Ihrem Leben oder für jedes Problem in der Welt aufzuspüren und sie zu analysieren entsprechend dem Gesetz von Ursache und Wirkung, werden Ihre Bemühungen nie zu einem Ergebnis kommen.

Lassen Sie mich ein einfaches Beispiel geben für das, was ich meine: Ein Mann ist nicht glücklich (Wirkung). Warum ist er nicht glücklich? Als Kind wurde er von seiner Mutter nicht geliebt (Ursache). Als Nächstes fragen wir uns, warum er nicht geliebt wurde (Wirkung). Er wurde nicht geliebt, weil er ein rebellisches Kind war (Ursache). Warum war er rebellisch (Wirkung)? Er war rebellisch, weil seine Mutter ihn ignorierte zugunsten ihrer anderen Kinder (Ursache). Warum ignorierte sie ihn, während sie ihre anderen Kinder mit Aufmerksamkeit überschüttete (Wirkung)? Sie tat dies, weil dieses Kind, im Unterschied zu den anderen, immer eine traurige Ausstrahlung hatte (Ursache). Warum war er als Kind traurig (Wirkung)? Er war traurig, weil er nicht die Dinge erhielt, die er sich wünschte (Ursache). Warum erhielt er nicht, was er sich wünschte (Wirkung)? Weil seine Familie nicht vermögend war (Ursache). Warum war seine Familie nicht vermögend (Wirkung)? Und so weiter.

Wie wir an diesem einen Beispiel schon ersehen können, ist die Suche nach den Ursachen unserer Lebensumstände ein nicht endender Prozess. Wie weit wir auch immer zurückgehen mögen – wir können niemals eine einzelne Ursache für die Wirkungen und Erscheinungen verantwortlich machen.

Wenn wir der oben beschriebenen Angelegenheit bis in die frühkindliche Phase nachspüren und versuchen zu entdecken, warum er in solche Umstände hineingeboren wurde, dann müssten wir auf die vorgeburtliche Phase zurückgreifen. Aber selbst wenn dies möglich wäre, könnten wir keine klare Ursache hinter diesem Unglück isolieren. Wenn wir nach Ursachen für die Beziehung zwischen Nationen suchen, wird die Sache noch ungleich komplexer. Hinter jedem Weltproblem stehen immer sehr komplexe Verwobenheiten von historischen, kulturellen, sozialen, ökonomischen und emotionalen Ursachen. Es ist niemals die Frage einer einzelnen Ursache, die einen einzelnen Effekt hervorbringt.

In dem Maße, wie es uns gelingt, die Gründe für eine gegebene Situation zu verstehen, mag das durchaus hilfreich sein. Doch dies ist nicht der Weg zu einer strahlenden und glücklichen Zukunft.

Wahres Erwachen

Jeden Tag, an dem ich die Konfusion in den Herzen der Menschen beobachte, sehne ich mich danach, diese so gut ich kann aufzulösen. Dies ist der Grund, weshalb ich jeden Menschen dränge, seine in ihm wohnende Wahrheit so früh wie möglich wiederzuentdecken.

Für viele überraschend kommt der Moment des Erwachens unerwartet und plötzlich. Wahres Erwachen ist nicht das Ergebnis eines lange währenden Bemühens, von Geduld oder eines Studiums, noch kommt es mit einem erlangten Wissensstand. Solange Sie sich darum bemühen, Erwachen durch Wissen zu entdecken, wird es außerhalb Ihrer Reichweite bleiben.

Was meine ich mit »wahrem Erwachen«? Ich meine die Wiederentdeckung der verlorenen Intuition – der universellen Weisheit, die jedem menschlichen Wesen gegeben wurde. Die Menschen wandern weiterhin in Verwirrung umher und nehmen nutzlose Belastungen auf ihre Schultern, da sie nur ihr begrenztes Wissen einsetzen, anstatt auf ihr Reservoir an innerer Weisheit zurückzugreifen.

Die Ihnen eigene intuitive Wahrnehmung ist kristallklar. Stellen Sie jetzt, in diesem Augenblick, Ihr Herz auf Ihre makellose Intuition ein, die alles umschließt. Genau in diesem Augenblick kann es wahrnehmen, was Sie brauchen, was Sie tun müssen und wohin Sie Ihre Schritte auf Ihrem heutigen Pfad lenken sollten.

Selbst wenn Sie jedes Partikel Ihres je angesammelten Wissens hervorkramen könnten, würde Sie dies nicht dazu befähigen, die Probleme, mit denen Sie gegenwärtig konfrontiert sind, zu lösen. Wie erwägenswert Ihr Wissen auch immer sein mag, es gehört zu Ihren vergangenen Erfahrungen. Es gehört nicht zu dem »Sein«, das heute existiert. Es kann nicht die Richtung für die Zukunft vorgeben. Auch wenn es Unterstützung bieten kann auf kleinen Wegen, so kann es keine grundlegenden Lösungen anbieten.

Wie viele Menschen in der Vergangenheit und in der Gegenwart haben ihr gesamtes Leben auf angesammeltes Wissen hin ausgerichtet? Welches Vermächtnis hat uns das hinterlassen? Die Antwort ist für jeden einfach zu erkennen: Es gab Krieg auf Krieg, Krankheit auf Krankheit, Hunger, Katastrophen und alle Arten von Leiden.

Nach langer Phase des Leidens ist es endlich an der Zeit, dass jedes Mitglied der Menschheitsfamilie einen Neustart unternimmt und in Richtung Zukunft blickt. Es ist an der Zeit, ein neues Denken anzunehmen.

Wenn es wirklich unser Wunsch ist, glücklich zu sein, wenn es wirklich unser Wunsch ist, gesund und erfolgreich zu sein, dann ist der Weg dorthin, unsere Gedanken konstant auf die Qualitäten und Situationen zu richten, die wir hervorrufen wollen: überfließendes Glück, strahlende Gesundheit, Erfüllung, Harmonie, Freundschaft, Wohlergehen und Dankbarkeit für alles in der Natur und in der Schöpfung.

Wenn wir daran festhalten, unser Bewusstsein auf die strahlende Welt der von uns gehegten Hoffnungen und Träume auszurichten, werden wir die Wirkungen auslösen, die uns zu leuchtenden Bedingungen einer besseren Zukunft führen. Die glücklichen Bedingungen, die wir uns vorstellen, werden auf natürliche Weise um uns herum Gestalt annehmen und die wunderbaren Menschen, Dinge, Talente und Einsichten, die wir uns wünschen, werden auf uns zukommen.

Je mehr Menschen darin vorangehen, ein solches Leben zu leben, verbunden mit einem unerschütterlichen Glauben an dessen Effektivität, desto früher werden wir entdecken, dass wir einen wunderbaren Wandel vollzogen haben werden. Durch das Erreichen dieses Wandels in uns selbst werden wir in der Tat die Welt verändern.

Möge Friede auf Erden sich durchsetzen! Ein Aufruf zum Handeln

Wenn ich mich in der Welt umsehe, wie sie mit Tragödien und Gewalt erfüllt ist, wendet sich mein Herz den jungen Menschen von heute zu. Ich möchte mich bei diesen jungen Menschen, die nun das Leben im 21. Jahrhundert an unserer Stelle weiterführen müssen, für meine Generation entschuldigen. Es war unsere Verantwortung, ihnen eine friedvolle Welt zu hinterlassen und eine gute und saubere Umwelt – eine Welt, in der alles Leben in Freude und Harmonie existieren könnte. Wir erwiesen uns jedoch als unfähig, unserer Verantwortung gerecht zu werden. Wir übergeben vielmehr eine Welt voller Gewalt, Kriege, Diskriminierungen, Armut, Leiden und Umweltverschmutzung.

Mehr noch: Unsere Generation hat einen riesigen Teil der Naturressourcen der Welt aufgebraucht – großenteils auch jenen Anteil, der den nachfolgenden Generationen zugestanden hätte. Wie schwer muss es angesichts dieser ererbten Situation für euch, die neue Generation, sein, die Welt nun in Richtung Frieden und Glück zu steuern. Von ganzem Herzen möchte ich mich hierfür bei euch entschuldigen.

Ich wurde in Japan während des Zweiten Weltkriegs geboren, wie so viele andere auch. Ich verlor Verwandte und geliebte Menschen durch die Gewalt des Krieges. Wie Sie wissen, hat Japan als einziges Land die Zerstörungskraft der Atombombe unmittelbar erfahren. Und wenn alles gesagt und getan ist, so gibt es eines, worauf ich stolz bin: Nachdem der Krieg vorbei war, hörte ich niemals einen Landsmann den Wunsch nach Rache aussprechen.

Nach der Erfahrung der Tragödie des Krieges lehnten die Japaner den Krieg ab. Nun sehnen wir uns mehr und mehr nach Frieden. Ich möchte jedem davon berichten, wie stolz wir über unsere Friedensverfassung sind, die erklärt, dass Japan künftig weder Waffen produzieren noch verwenden will. Wir haben diese Verfassung akzeptiert, damit künftige Generationen nie mehr die Erfahrung des Krieges sowie nie mehr die Erfahrung des Hasses ertragen müssen und nie mehr Feinde schaffen, sondern ein besseres Leben für sich selbst und ihre Kinder.

Meine Eltern und Großeltern hatten genug vom Krieg. Sie haben gelernt, dass Krieg nichts Schönes und nichts Neues erschaffen kann. Krieg tötet und zerstört nur. Er führt nur Leid und Elend fort. Daher möchte ich für deren und meine Generation sagen: Wiederholen Sie nicht unsere Fehler! Es gibt keine Notwendigkeit, diese Fehler nachzumachen. Schaffen Sie sich Ihre eigene Zukunft – eine Zukunft, die leuchtend und neu ist.

Die vergangenen Generationen schufen viele Formen der Gewalt: die Gewalt des Krieges und der Unterdrückung, die Gewalt der Vergewaltigung und des Kindesmissbrauchs, der Diskriminierung, der Einschüchterung und der Umweltzerstörung.

Und heute möchten wir diese Formen der Gewalt durch andere Formen der Gewalt bekämpfen. Wir haben Begriffe geschaffen wie »Kampf gegen die Krankheit«, »Kampf gegen die Armut«, »Kampf gegen Diskriminierung«, »Krieg gegen die Kriminalität« oder »Krieg gegen Terrorismus«.

Nachdem wir nun so viel Energie aufgewendet haben für unseren Kampf gegen Gewalt – was ist das Ergebnis? Ein kurzer Blick auf die heutige Weltsituation genügt, um die Antwort zu geben. Gewalt kann nicht zum Ende von Gewalt führen. Sie kann lediglich dazu beitragen, an manchen Orten für bestimmte Zeit die Gewalt zu unterdrücken. Aber am Ende bedeutet der Einsatz von Kampf zur Überwindung von Gewalt, Öl ins Feuer zu gießen. Früher oder später wird sie erneut ausbrechen und oft noch schlimmer.

Für viele Menschen ist die Bedrohung des Terrorismus jene Art von Gewalt, vor der sie sich am meisten fürchten. Kennen Sie die Ursache des Terrorismus? Ist es Armut? Ist es Religion? Ist es der Mangel an Erziehung? Je mehr wir darüber nachdenken, desto mehr erkennen wir, dass es nicht eine einzelne Ursache für Terrorismus gibt. Vielmehr wird uns klar, dass er aus einem komplexen Zusammenspiel von mehreren historischen, kulturellen, ökonomischen, politischen, religiösen und sozialen Faktoren auftaucht. Und wenn wir tiefer nach den Ursachen des Terrorismus forschen, werden wir entdecken, dass er gewaltbesetzten Emotionen entspringt, die in unseren Herzen brodeln: Wut, Vorwürfe, Groll, Demütigung und Selbsthass. Ja, Selbsthass, Selbstvorwürfe und Selbstanklage zeugen von einem großen Verlust an Vertrauen in die innere Weisheit, die zu uns spricht durch unsere Intuition.

Menschen, die sich selbst und ihrer Intuition vertrauen, können sich auch selbst vergeben. Selbst wenn sie einen Fehler begangen oder gar einem Akt der Gewalt zugestimmt haben, können sie sich daraus wieder erheben. Sie können zu sich selbst sagen: Was ich tat, war falsch. Ich möchte diesen Fehler nicht wiederholen. Ich werde sofort beginnen, es besser zu machen. Mit dem heutigen Tag beginnend werde ich andere lieben und für sie arbeiten.

Aber Menschen, die sich selbst nicht vertrauen, können sich auch nicht vergeben. Sie beschuldigen, richten und verurteilen sich ständig. Und dann projizieren sie einen Teil ihres Selbsthasses auf andere. Wenn jeder Mensch dazu fähig ist, sich selbst zu lieben, sich selbst ehrlich zu verstehen und zu vertrauen, wird nie jemanden hassen oder nach Rache trachten.

Nach dem Zweiten Weltkrieg fühlte sich mein Adoptivvater zum Beginn einer Revolution inspiriert – eine Revolution des menschlichen Bewusstseins. Und so schuf er die Worte: *Möge Friede auf Erden sich durchsetzen!* Gut 50 Jahre später stehen diese Worte auf so genannten »Friedenspfählen« überall auf der Welt. Haben Sie jemals einen Friedenspfahl gesehen? Heute stehen mehr als 200 000 solcher Friedenspfähle weltweit in Schulhöfen, Parks, auf öffentlichen Plätzen und in privaten Gärten. Vielleicht haben Sie sie im Fernsehen in Sarajevo, Israel, Palästina oder Afghanistan stehen sehen. Die Idee der Friedenspfähle wurde unterstützt durch geistige Führungspersönlichkeiten wie den Dalai Lama, Mutter Theresa und Papst Johannes Paul II. sowie durch Vereinigungen wie den Rotary Club. Vielleicht empfinden Sie den Wunsch, einen solchen Friedenspfahl in Ihrer Nachbarschaft oder in Ihrer Schule aufzustellen. Aber vielleicht sagen Sie sich: »Ich möchte dies tun, aber ich bin zu jung, ich bin nur ein Student, ich weiß nicht, wie ich es anpacken soll, ich habe nicht so viel Erfahrung wie andere.« Ich kann Ihnen sagen: Frieden wird nicht aus Erfahrung geboren. Erfahrung kann ein guter Lehrer sein, aber Erfahrung allein führt keinen Frieden herbei.

Frieden wird auch nicht aus Erziehung geboren. Erziehung kann, ebenso wie Erfahrung, eine wertvolle Hilfe darstellen, aber sie kann nicht die unglaublich tiefe, intuitive Weisheit ersetzen, die Sie in sich tragen.

Was also führt zur Geburt von Frieden? Die Antwort ist einfach. Es ist Liebe, reine menschliche Liebe, unterstützt durch Mut, Aufrichtigkeit, Bemühung, Optimismus und überfließende Hoffnung auf die Zukunft. Für mich wird diese Liebe durch den Friedenspfahl zum Ausdruck gebracht.

Wenn Sie einen Friedenspfahl errichten möchten – was sollten Sie beachten? Für mich ist es nicht das Wichtigste, Friedenspfähle an historisch bedeutsamen Plätzen aufzustellen oder an Orten, an denen Tragödien geschahen, oder an besonders belebten Orten. Das Wichtigste ist, dass Friedenspfähle überall stehen – an viel besuchten wie an einsamen Orten, an Straßenecken, in privaten Gärten, in Parks, vor Bibliotheken, Häusern, Geschäften, Restaurants, Hotels, Zoos und Krankenhäusern – überall wo Menschen sie sehen. Wenn Sie möchten, können Sie einen Friedenspfahl auch in der Einsamkeit eines Waldes oder eines Gebirges aufstellen als Ausdruck Ihrer Dankbarkeit gegenüber der Natur.

Wie können Sie einen Platz auswählen für die Errichtung eines Friedenspfahls? Vertrauen Sie einfach Ihrer Intuition. Vertrauen Sie Ihrem strömenden Gefühl, das auf natürliche Weise in Ihnen auftauchen wird, und dann geben Sie ihm nach. Je mehr Sie es zulassen, desto klarer wird sich der Weg vor Ihnen öffnen.

Seit vielen Jahren habe ich eine besondere Hoffnung, einen besonderen Traum. Mein Traum ist es, dass es viele Millionen Friedenspfähle gibt, in jedermanns Nachbarschaft, in allen Regionen, in allen Ländern und Nationen der Welt. Jeden Tag wünsche ich mir, dass jeder Mensch, wo immer er geht, einem Friedenspfahl begegnen möge. Ich wünsche mir, dass wir bald mehr Friedenspfähle sehen als Logos von Coca-Cola oder McDonald's. Ich wünsche mir, dass die Worte »Möge Friede auf Erden sich durchsetzen!« in allen Herzen schwingen. Ich weiß, dass dies möglich ist. Wir können es ermöglichen. Es hat begonnen, Realität zu werden.

Im 21. Jahrhundert wird Frieden nicht durch Regierungen geschaffen oder durch Religionen oder Nationen oder einzelne Führer. Frieden wird durch *Sie* geschaffen. Durch Ihre strahlende Hoffnung, Ihre Anstrengungen, Ihren Glauben an den Frieden – *Sie* schaffen Frieden und Harmonie in sich selbst, in Ihrer Familie, Ihrem Land, Ihrer Umwelt und in der Welt.

Anhang

1 Manifest über die globale Verantwortung*

A. Präambel: Neue Anforderungen an das menschliche Denken und Handeln

1. Zu Beginn des 21. Jahrhunderts sind wir an einem historischen Scheideweg angekommen: In sozialer, spiritueller wie kultureller Hinsicht stehen wir unmittelbar an der Schwelle zu einer neuen Stufe unserer Entwicklung. Der Unterschied zu früheren Dekaden des vorhergehenden Jahrhunderts ist dabei ebenso grundlegend wie jener zwischen Höhlenmensch und Viehzüchter, Nomade und Dorfbewohner. Unser Weg führt fort von den national geprägten Industriegesellschaften, die zu Beginn der ersten industriellen Revolution entstanden. Er führt zu einem weltumspannenden Netzwerk – zu einem einzigen hochgradig verknüpften, informationsorientierten, sozialen, ökonomischen und kulturellen System. Der zu beschreitende Weg dorthin ist nicht leicht, er ist voller Schlaglöcher und Überraschungen. Das vorhergehende Jahrhundert wurde Zeuge mehrerer schwerer Erschütterungen, andere mögen vielleicht noch auf uns warten. Durch die Art und Weise jedoch, wie wir inzwischen mit aktuellen und künftigen Krisen umgehen, entscheidet sich unsere Zukunft ebenso wie diejenige unserer Kinder und Enkel.

2. Wir stehen heute vor der Herausforderung, über unser Schicksal zu entscheiden. Nach all den Tausenden von Generationen,

---

* Erklärung des Club of Budapest, Erstfassung 1997, überarbeitet am 23. Februar 2003 die vor uns die Erde bevölkerten, ist es nun an uns, über das Los des Lebens auf diesem Planeten zu entscheiden. Denn die Entwicklung, die wir zu Lebzeiten unserer Großväter und Väter eingeleitet haben, kann zu Lebzeiten unserer Kinder und Enkel nicht mehr bestehen.

Welche Maßnahmen wir auch immer ergreifen mögen: Wir schaffen mit ihnen entweder den Rahmen für den Aufbau einer friedlichen, kooperativen, globalen Gesellschaft und schreiben damit das große Abenteuer des Lebens, des Geistes und des Bewusstseins auf dieser Erde fort, oder wir inszenieren das Ende der Menschheit.

3. Die Handlungsmuster, die wir gegenwärtig antreffen, sind alles andere als ermutigend. Millionen von Menschen haben keine Arbeit, Millionen werden über Hungerlöhne ausgebeutet, Millionen leben in verzweifelter Hilflosigkeit und Armut. Die Kluft zwischen reichen und armen Nationen ist tief und entwickelt sich ebenso erschreckend wie das Wohlstandsgefälle innerhalb einzelner Länder.

Zwar ist die Welt inzwischen befreit vom Gespenst eines Krieges zwischen den Supermächten, andererseits sieht sie dem drohenden ökologischen Kollaps ins Auge. Trotzdem investieren die Regierungen der Welt immer noch jedes Jahr Milliarden von Dollar in Militär- und Rüstungsausgaben und nur einen verschwindenden Bruchteil dieser Summe in den Erhalt einer lebenswerten Umwelt.

4. Die Probleme auf den Gebieten Rüstung, Entwicklung, Umwelt, Bevölkerung, ebenso die vielfältigen Rohstoff- und Energiefragen werden nicht dadurch gelöst, dass man ohnehin überflüssig gewordene nukleare Gefechtsköpfe reduziert, ebenso wenig durch die Unterzeichnung politisch unverbindlicher Verträge zu Welthandel, Erwärmung der Atmosphäre, Artenvielfalt und nachhaltiger Entwicklung. Es bedarf mehr

als partiellen Aktionismus und kurzfristiger Problemlösungen. Wir müssen die Probleme in ihrer komplexen Ganzheit wahrnehmen – und dürfen sie dabei nicht mehr nur mit unserem Verstand und reinem Intellekt begreifen, sondern benötigen dazu alle Facetten unseres Erkennens und Fühlens. Denn jenseits des Vermögens menschlichen Verstandes und des reinen Intellektes liegen andere bemerkenswerte Fähigkeiten menschlichen Geistes und Bewusstseins: die Macht der Liebe, des Mitgefühls und der Solidarität. Einen Verzicht auf dieses bedeutende Potenzial können wir uns bei der Erschließung neuer, zukunftsorientierter und zwangsläufig vielschichtiger Ansätze nicht leisten. Nur sie weisen einen Weg, wenn wir mit unseren hochentwickelten, aber instabilen und verletzlichen sozio-technologischen Gesellschaften die nächste Stufe der Evolution erreichen wollen.

B. Ein Plädoyer für Kreativität und Vielfalt

5. Falls wir weiterhin an überholten Wertvorstellungen und Überzeugungen sowie einem fragmentierten Bewusstsein festhalten, wenn es uns nicht gelingt, unseren Blick vom eigenen Nabel abzuwenden, fixieren wir uns weiterhin auf obsolete Ziele und Verhaltensweisen. Als Leitbild für eine Vielzahl von Menschen würden sie den Übergang zu einer vernetzten, friedlichen und kooperativen Weltgemeinschaft nachhaltig verhindern. Inzwischen besteht für jeden von uns die moralische und praktische Pflicht, hinter die Fassade der Ereignisse zu schauen: Hinter die Machenschaften und Polemiken praktischer Politik, hinter die reißerischen Schlagzeilen der Medien und hinter den vordergründigen »Schick« des gerade aktuellen Lebens- und Arbeitsstils. Wir sind aufgefordert, hinter den Dingen den eigentlichen Gang der Entwicklung zu erkennen und den Geist sowie das Bewusstsein zu entwickeln, die uns in die Lage ver-

setzen, Probleme und Chancen umfassend zu erkennen – und danach zu handeln.

6. Eine neue Art des Denkens ist zur notwendigen Voraussetzung für verantwortungsvolles Leben und Handeln geworden. Dieses neue Denken zu entwickeln heißt, Kreativität in allen Menschen und allen Teilen der Welt zu fördern. Kreativität ist nicht genetisch bedingt, sondern eine kulturelle Errungenschaft des Menschen. Während Kultur und Gesellschaft einem raschen Wandel unterliegen, verändern sich Gene nur langsam: Im Verlauf eines Jahrhunderts unterliegen nur 0,5 Prozent des menschlichen Genpotenzials einer möglichen Veränderung. Der größte Teil unseres genetischen Erbes entstand vor oder während der Steinzeit und war somit ausgelegt auf den Umgang mit den Unwägbarkeiten der Natur – nicht aber auf den Umgang mit den Unwägbarkeiten der modernen Zivilisation. Unsere heutige wirtschaftliche, soziale und technologische Umgebung ist unsere eigene Schöpfung, die wir nur mit der Kreativität unseres eigenen Denkens bewältigen können – dazu gehören unsere Kultur, unser Geist und unser Bewusstsein. Wirkliche Kreativität verharrt nicht starr angesichts eines ungewöhnlichen und unerwarteten Problems, sondern begegnet ihm offen und ohne Vorurteile. Die Kultivierung dieser Sichtweise ist die Voraussetzung auf dem Weg zu einer globalen, hochgradig verbundenen Gesellschaft, in der Einzelne, Unternehmen, Staaten und die Familie der Völker und Nationen friedlich und zum gegenseitigen Nutzen zusammenleben.

7. Nachhaltige Vielfalt ist ein weiteres Erfordernis unserer Zeit. Vielfalt ist die Grundlage aller Erscheinungen in Natur und Kunst: Undenkbar, dass eine Symphonie nur aus einem einzigen Ton besteht oder von nur einem Instrument gespielt wird; ein Gemälde besteht aus einer Vielzahl von Formen und Farben; ein Garten ist schöner, wenn viele unterschiedliche Blumen und

Pflanzen in ihm wachsen. Ein mehrzelliger Organismus ist nicht lebensfähig, wenn er auf nur eine Zellenart reduziert wird – sogar Schwämme entwickeln Zellen mit spezialisierten Funktionen. Komplexere Organismen verfügen über eine große Vielzahl unterschiedlicher Zellen und Organe, die sich funktional ergänzen und deren Zusammenwirken optimal koordiniert ist. Kulturelle und geistige Vielfalt in der Welt des Menschen sind ebenso wichtig wie die Vielfalt in Kunst und Natur. Eine menschliche Gemeinschaft braucht Mitglieder, die sich untereinander nicht nur in Alter und Geschlecht unterscheiden, sondern auch in ihrer Persönlichkeit, Hautfarbe und Überzeugung. Nur so können die Einzelnen nach besten Fähigkeiten der Gemeinschaft dienen und sich in einer Art und Weise ergänzen, die dem bestmöglichen Wachstum des Ganzen dient. Die entstehende globale Gesellschaft würde über ein großes Maß an Vielfalt verfügen, wenn nicht ein paar dominierende Kulturen und Gesellschaften einen nicht erstrebenswerten und uniformierenden Einfluss ausüben würden. Ebenso wie die Vielfalt der Natur inzwischen durch einseitige Bevorzugung einiger weniger Nutzpflanzen und -tiere bedroht ist, ist die Vielfalt der heutigen Welt durch die Dominanz einer oder einiger weniger Kulturen und Zivilisationen gefährdet.

8. Unsere gemeinsame evolutionäre Bestimmung ist der Aufbau einer globalen Gemeinschaft. Wir werden dieses Ziel jedoch nicht erreichen, wenn es uns nicht gelingt, grundlegende Elemente derjenigen Vielfalt zu bewahren, die von Beginn an Kennzeichen jeder menschlichen Gemeinschaft war. Diese Vielfalt umfasst Kulturen, Weltanschauungen und Religionen ebenso wie unterschiedliche wirtschaftliche, soziale und politische Systeme. Sie bedeutet nicht zuletzt das gleichberechtigte Nebeneinander unterschiedlicher Lebensstile auf der Basis gegenseitigen Respekts und guten Willens. Nachhaltige Vielfalt kann nicht bedeuten, Menschen und Kulturen voneinander zu

trennen: Sie verlangt nach internationaler, interkultureller Zusammenarbeit und Kommunikation mit dem gebührenden Respekt gegenüber den jeweiligen Unterschieden, Überzeugungen, Lebensstilen und Bestrebungen. Nachhaltige Vielfalt kann ferner nicht bedeuten, bestehende Ungleichheit zu bewahren, denn Gleichheit beruht nicht auf Uniformität, sondern auf der Akzeptanz von Gleichwertigkeit und gleicher Würde für Menschen aller Herkunft und Kultur. Der Aufbau einer vielfältigen, zudem gerechten und miteinander verbundenen Welt verlangt jedoch mehr als nur Lippenbekenntnisse und bloße Toleranz von Unterschieden. Die Einstellung, andere so sein zu lassen, wie sie wollen, »solange sie da bleiben, wo sie herkommen«, und andere tun zu lassen, was sie wollen, »solange es sich nicht vor meiner Haustür abspielt«, ist Ausdruck einer wohlmeinenden, aber ungeeigneten Haltung. Ebenso wie unterschiedliche Organe in einem Körper, müssen auch Völker und Kulturen zum Wohl des Gesamtsystems, dessen Teil sie sind, zusammenarbeiten – in unserem Fall zum Wohl der menschlichen Gemeinschaft auf diesem Planeten. Zu Beginn des 21. Jahrhunderts sind die Völker und Nationen dazu aufgerufen, jenes Mitgefühl und jene Solidarität zu entwickeln, die es uns ermöglichen, bloße passive Toleranz zu überwinden zugunsten aktiver, gegenseitiger Zusammenarbeit und neuer Ethik.

C. Ein Plädoyer für Verantwortungsbewusstsein

9. Als Menschen brauchen wir mehr als nur Nahrung, Wasser und Schutz, sogar mehr als eine bezahlte Arbeit, Selbstverwirklichung und soziale Anerkennung. Wir brauchen etwas, für das es sich zu leben lohnt: ein Ideal, dem wir nachstreben können, eine Verantwortung, die wir bereit sind zu übernehmen. Diese Verantwortung reicht weiter, als wir vielleicht glauben mögen. Unabhängig von unserem Umfeld oder unserer Tätigkeit haben

wir in der heutigen Zeit die Konsequenzen zu tragen für die Auswirkungen unseres Verhaltens als private Individuen; Bürger unserer Länder; Mitarbeiter in Unternehmen und Volkswirtschaften; Mitglieder der menschlichen Gemeinschaft und als Personen, die mit Verstand und Bewusstsein ausgestattet sind.

a) Als private Individuen sind wir verantwortlich dafür, unsere Ziele in Harmonie mit den Zielen und Interessen anderer zu verfolgen, nicht auf deren Kosten; wir sind verantwortlich für die Verurteilung und Verhinderung jeder Form von Gewalt und Brutalität; verantwortlich dafür, nicht mehr Kinder auf die Welt zu bringen, als wir wirklich ernähren können; verantwortlich für den Respekt vor dem Recht auf Leben, auf Entwicklung, auf gleichen Status und gleiche Würde aller Kinder, Frauen und Männer, die die Erde bewohnen.

b) Als Bürger unserer Länder sind wir verantwortlich dafür, dass unsere Führer Schwerter zu Pflugscharen umschmieden und anderen Nationen im Geiste friedlicher Kooperation begegnen; dass sie die legitimen Ambitionen aller Gemeinschaften der menschlichen Familie anerkennen und dass sie hoheitliche Gewalt nicht zur Manipulation von Mensch oder Umwelt zum Zwecke kurzsichtiger und eigennütziger Vorteile verwenden.

c) Als Mitarbeiter in Unternehmen und als Akteure in der Wirtschaft ist es an uns, darauf zu achten, dass sich betriebliche Ziele nicht ausschließlich an Profit und Wachstum orientieren oder destruktiven, skrupellosen Zwecken dienen. Produkte und Dienstleistungen müssen sich an menschlichen Bedürfnissen und Erfordernissen orientieren, ohne andere oder die Umwelt zu schädigen. Es liegt in unserer Verantwortung, darauf zu achten, dass unternehmerische Ambitionen die Rechte anderer Unternehmer und Unternehmen respektieren, die sich fair im globalen Wettbewerb bewegen.

d) Als Mitglieder der menschlichen Gemeinschaft sind wir verantwortlich für den Aufbau einer Kultur, die geprägt ist von Gewaltfreiheit, Solidarität, ökonomischer, politischer und sozialer Chancengleichheit; verantwortlich für die Förderung gegenseitigen Verständnisses und Respekts unter Menschen und Nationen, unabhängig davon, ob sie uns ähnlich sind oder nicht; verantwortlich dafür, dass alle Menschen überall auf der Welt in die Lage versetzt werden, den neuen Herausforderungen zu begegnen – mit den besten materiellen und spirituellen Ressourcen, die für diese einzigartige Aufgabe zur Verfügung stehen.

e) Als Personen, die mit Verstand und Bewusstsein ausgestattet sind, liegt es in unserer Verantwortung, Verständnis und Wertschätzung zu wecken für die Einzigartigkeit des menschlichen Geistes in all seinen Ausdrucksformen; es ist an uns, Ehrfurcht und Bewunderung zu fördern für einen Kosmos, der Leben und Bewusstsein hervorgebracht hat und die Möglichkeit konstanter Evolution bietet, hin zu immer höheren Ebenen von Einsicht, Verständnis, Liebe und Mitgefühl.

D. Plädoyer für ein planetarisches Bewusstsein

10. In den meisten Teilen der Welt bleiben die wirklichen Potenziale des Menschen ungenutzt und liegen brach. Die Art und Weise, wie Kinder aufwachsen, unterdrückt ihre natürliche Begabung zu Kreativität und Lernen; die Art und Weise, wie junge Menschen den Kampf um ihr materielles Überleben erfahren, mündet oft in Frustration und Wut. Dies führt bei Erwachsenen zu einer Vielzahl kompensatorischer, suchtähnlicher und zwanghafter Verhaltensmuster. Das Ergebnis ist der Fortbestand von sozialer und politischer Unterdrückung, von Wirtschaftskriegen, kultureller Intoleranz, Verbrechen und Missachtung der Umwelt. Die Beseitigung sozialer und wirtschaftlicher Fehlentwicklungen und Frustrationen erfordert eine beträchtliche sozioökonomische Entwicklung, welche wiederum das Vorhandensein besserer Ausbildung, besserer Information und besserer Kommunikation voraussetzt. Diese jedoch werden

verhindert durch mangelnden sozioökonomischen Fortschritt, womit der Teufelskreis perfekt ist: Unterentwicklung begründet Frustration, Frustration verhindert, indem sie gestörten Verhaltensweisen Vorschub leistet, eine gesunde Entwicklung. Dieser Kreis muss durchbrochen werden, und zwar an seiner durchlässigsten Stelle: der Entwicklung von Geist und Bewusstsein der Menschen. Dies ist kein Ersatz für die Notwendigkeit sozioökonomischen Fortschritts und der hierzu erforderlichen finanziellen und technischen Mittel, sondern bezeichnet eine Parallelstrategie auf geistig-spirituellem Gebiet. Denn solange die planetarische Dimension nicht Bestandteil menschlichen Geistes und Bewusstseins ist, werden Entwicklungen, die das globale Welt-Umwelt-Gefüge belasten, zunehmen. Dies wird in eine Schockwelle münden, die den gesamten Übergang zu einer friedlichen und kooperativen Weltgemeinschaft gefährdet. Damit einher ginge ein gewaltiger Rückschritt für die gesamte Menschheit und eine Gefahr für jeden Einzelnen von uns. Die Fortentwicklung menschlichen Geistes und Bewusstseins muss demnach erstes und dringlichstes Anliegen der gesamten menschlichen Familie sein.

11. Statische Stabilität ist in unserer Welt eine Illusion, das einzig Beständige ist nachhaltiger Wandel und Transformation. Um den Zusammenbruch zu vermeiden, stehen wir vor der kontinuierlichen Notwendigkeit, die Evolution unserer Gesellschaften in die richtigen Bahnen zu lenken: in Richtung einer Welt, in der alle Menschen in Frieden, Freiheit und Würde leben können. Diese Lenkungsfunktion jedoch kann nicht von Lehrern oder Schulen ausgehen, auch nicht von politischen und wirtschaftlichen Führern, obwohl ihr Einsatz für diese Sache wichtig ist. Die Steuerung unserer Gesellschaften muss künftig von den Individuen selbst ausgehen: Jede und jeder Einzelne von uns ist an dieser Stelle grundlegend und im Zentrum seines Wesens gefordert. Ein Individuum, das in planetarischem Bewusstsein lebt,

erkennt seinen ureigenen Part im evolutionären Prozess und handelt verantwortlich im Licht dieser Einsicht. Jede und jeder von uns muss bei sich selbst damit beginnen, sein Bewusstsein in der planetarischen Dimension zu entwickeln, nur dann können wir zu verantwortlichen, effektiven Trägern des Wandels und der Transformation in unseren Gesellschaften werden. Globales Bewusstsein umfasst das Wissen um und das Gefühl für die vitale Interdependenz und die grundsätzliche Einheit der Menschheit. Es beinhaltet die bewusst vollzogene Annahme der Ethik, die mit dieser Erkenntnis verbunden ist. Seine Evolution wird zum neuen Imperativ für das Überleben des Menschen auf diesem Planeten. Das 21. Jahrhundert muss demnach in die Geschichte eingehen als das Jahrhundert des planetarischen Bewusstseins.

2 Statements des Club of Budapest zu aktuellen Themen

Eine kluge Antwort auf Gewalt*

Die Kamikaze-Anschläge vom 11. September 2001 auf das World Trade Center in New York und das Pentagon in Washington waren Verbrechen gegen die Menschheit und gegen jede Zivilisation. Wir verurteilen diesen Akt des Terrorismus und rufen alle ethisch motivierten und friedliebenden Menschen in der ganzen Welt auf, zusammenzustehen und dem Terrorismus und der Gewalt in all ihren Formen ein Ende zu bereiten. Unschuldige Menschen zu töten und ihre Wohn- und Arbeitsorte zu zerstören bringt für kein Einziges der Weltprobleme irgendeine Lösung.
Wenn wir bei der Ausrottung von Gewalt und Terrorismus erfolgreich sein wollen, ist Weisheit in unseren Handlungen geboten. Gewalt und Terrorismus können nicht überwunden werden durch Gegenschläge nach dem Prinzip »Auge um Auge, Zahn um Zahn«. Die wirklichen Wurzeln der Gewalt liegen tiefer als die fanatischen Selbstverpflichtungen von Terroristen und die religiösen Forderungen von Fundamentalisten. Das Ausschalten einer Gruppe von Terroristen wird das Problem nicht lösen, denn solange die zugrundeliegenden Ursachen fortbestehen, werden andere an ihren Platz treten.
Der Terror, der in der heutigen Welt auftaucht, ist ein Symptom für tief sitzende Enttäuschungen und Wut über die seit langem

---

* Statement des Club of Budapest, veröffentlicht am 15. September 2001

bestehenden offensichtlichen Ungerechtigkeiten in der Welt. Wir, die Mitglieder des Club of Budapest, haben uns darauf verpflichtet, nach den Ursachen jener Faktoren zu suchen, die diesen Hass und diese Gewalt hervorrufen, und friedliche und effektive Wege vorzuschlagen, wie diese überwunden werden können. Solange und soweit die tieferen Ursachen nicht beseitigt sind, werden wir keinen Frieden in der Welt haben, höchstens ein unsicheres Zwischenspiel zwischen terroristischen Akten und anhaltenden Feindschaften. Solange Menschen derart entmutigt sind und in sich den Wunsch nach Hass und Rache tragen, ist ein Zusammenleben im Geist von Frieden und Kooperation nicht möglich. Ob die Gründe dafür nun im verletzten Ego von Menschen liegen oder in der verletzten Selbstachtung von Völkern, im Wunsch nach persönlicher Rache oder nach einem »Heiligen Krieg« zur Verteidigung ihres Glaubens – das Resultat bleibt immer Gewalt, Tod und Katastrophen. Die Erlangung von Frieden in der Seele jedes Einzelnen ist die Voraussetzung für die Erlangung von Frieden in der Welt.

Der Club of Budapest hält daran fest: Eine weise Antwort auf Gewalt und Terrorismus besteht in der Hilfe für die Menschen, Frieden mit sich selbst und ihren Mitmenschen nah und fern zu finden. In der Förderung von Solidarität mit und der Kooperation für die gemeinsame Sache von Fairness und Gerechtigkeit besteht der einzig gangbare Weg zu dauerhaftem Frieden auf Erden.

Krieg darf nicht länger ein Instrument nationaler Politik sein*

Die Zeit ist gekommen, dass die Weltgemeinschaft erkennt: Krieg, auch als Instrument zur Eliminierung von Terroristen

---

* Statement des Club of Budapest, veröffentlicht am 19. Februar 2003 und Aggressoren, ist ein Verbrechen gegen die Menschheit. Er ist ein Akt der Aggression, der das menschliche Leben bedroht sowie die Integrität der Mitwelt, von der menschliches Leben und jegliches Leben auf dieser Erde existenziell abhängen.

Keine andere Spezies tötet so extensiv ihre eigene Art; Krieg ist ein spezifisch menschliches Phänomen. Solches Töten war nie gerechtfertigt; es fand allenfalls eine gewisse Rechtfertigung in Zeiten, als menschliche Gemeinschaften in existenzieller Konkurrenz um überlebensnotwendige natürliche und menschliche Ressourcen standen und die Auseinandersetzungen auf die diesbezüglichen Territorien und die jeweiligen Krieger beider Seiten begrenzt waren. In einer Zeit, in der die Ressourcen grundsätzlich allen zugänglich sein müssen und in der sich kriegerische Konflikte grundsätzlich nicht mehr begrenzen lassen, gibt es keinerlei Rechtfertigungen mehr für Krieg – weder politische noch ökonomische. Da moderne Kriegsführungen vor allem unschuldige Zivilisten töten, der Leben spendenden Umwelt ernsthafte Schäden zufügen und zu weltumspannenden Flächenbränden zu eskalieren drohen, ist es notwendig, dass wir Krieg als ein Verbrechen gegen die Menschheit betrachten. Keine Nation sollte mehr das Recht haben, einer anderen Nation einen Krieg erklären zu dürfen!

Selbst die Anhäufung von Massenvernichtungswaffen gibt einer Nation keine Rechtfertigung, eine andere Nation mit Krieg zu überziehen, denn Massenvernichtungswaffen – ob nuklear, chemisch, biologisch oder konventionell – sind per se eine Bedrohung menschlichen Lebens, gleichgültig, wer sie besitzt. Sie können in der Hand keiner Nation toleriert werden – sei diese nun groß oder klein, reich oder arm, von einem Diktator oder einem gewählten Politiker regiert. Solche Waffen müssen aus den Arsenalen jedes einzelnen Staates eliminiert werden! Doch diese Aufgabe ist nicht das selbstverliehene Vorrecht irgendeiner Regierung, sondern die Verantwortung der globalen Gemeinschaft aller Völker und aller Nationen.

Es wird keinen dauerhaften Frieden auf dieser Erde geben, solange Massenvernichtungswaffen nicht ihrerseits zerstört sind und ihre Lagerung verboten ist und solange Strategien für ihren Einsatz nicht durch Strategien des Dialogs und der Verhandlungen und, wenn nötig, durch international vereinbarte wirtschaftliche und politische Sanktionen ersetzt werden. Wenn wir Massenvernichtungswaffen mit Massenvernichtungswaffen bekämpfen wollen, handeln wir nach dem Prinzip »Gewalt gegen Gewalt« oder »Auge um Auge, Zahn um Zahn«, was letztlich uns alle blind und zahnlos machen kann. Potenzielle Aggressoren und Terroristen müssen gestoppt werden, aber Krieg ist nicht der Weg, sie zu stoppen.

Aus der Flutkatastrophe lernen

Einen öffentlichen Dialog über konkrete Schritte zu einer nachhaltigen Zivilisation starten*

Die Flutkatastrophe in Südostasien machte die gesamte Menschheit in einem bisher nie da gewesenen Ausmaß betroffen. Unsere erste Verantwortung war es, dies mit einer beispiellosen weltweiten solidarischen Soforthilfe zu beantworten. Es ist ein Zeichen großer Hoffnung, wie sie in der Geschichte nur selten auftritt, dass die Menschheit diese Antwort in einer Dimension gegeben hat, die alles bisher Gekannte weit in den Schatten stellte. Doch von mindestens ebenso großer Bedeutung wird es nun sein, ab sofort intensiv darüber nachzudenken, *wie tief* die historischen Lernschritte gehen sollen, die wir aus dieser globalen Tragödie ziehen:
Werden wir es weiterhin hinnehmen, dass es Zonen derart ungleicher Entwicklungschancen gibt, wo die technisch längst

---

* Statement des Club of Budapest, veröffentlicht am 5. Januar 2005 mögliche Frühwarnung nicht installiert wird, wo das Fehlen einfachster Infrastruktur die Folgen derartiger Katastrophen unnötig massiv verschärft, wo uns das tägliche Elend von Abermillionen erst überhaupt durch eine solche Katastrophe berührt? Es spricht vieles dafür, dass es die Lernaufgabe der Menschheit nach dieser bitteren Erfahrung ist, sich künftig und stabil als eine unteilbare weltweite Familie wahrzunehmen und unsere globalen Beziehungen dahingehend neu und konsequent zu ordnen.

Dank der technischen und ökonomischen Entwicklung haben wir eine Welt reich an Gestaltungsmöglichkeiten geschaffen, in der jedem Erdenbürger statistisch zehnmal mehr Wohlstand zur Verfügung steht als vor 100 Jahren. Doch noch nie in der Menschheitsgeschichte waren die Entwicklungschancen der Menschen ungleicher und ungerechter verteilt und noch nie waren die ökologischen Grundlagen für unsere Zukunft stärker gefährdet. Die bisher sehr einseitige Globalisierung der Weltwirtschaft schuf ein höchst gefährliches Wertevakuum und Machtungleichgewicht für die rasant wachsenden globalen Herausforderungen.

Wir haben es offensichtlich versäumt, die elementarsten Grundwerte, die alle Weltreligionen und alle ethisch motivierten Menschen der Welt verbinden, in auch nur annährend hinreichender Weise auf die Ebene der *globalen* Beziehungen der Menschen, Völker und Nationen zu heben und sie dort mit der für eine menschliche Zivilisation unumgänglichen Verbindlichkeit auszustatten. Die realen Gestaltungs- und Durchsetzungsmöglichkeiten, die wir bis heute geschaffen haben für globale Aufgaben wie die Überwindung von weltweiter Armut und Umweltzerstörung und die zahlreichen anderen globalen Probleme, kann man aus einer neutralen Beobachterposition nur als barbarisch und unzivilisiert bezeichnen. Wie ist es möglich, dass in einer Welt märchenhaften Reichtums noch immer Rechtfertigungen vorgebracht werden für das Fortdauern von milliardenfachem

Hunger, Siechtum, Verzweiflung und Hoffnungslosigkeit? Dies ist menschenverachtender Zynismus.

Die Menschheit braucht eine ebenso umfassende wie intensive öffentliche Diskussion über die Zivilisierung unseres globalen Zusammenlebens, letztlich über eine neue Zivilisation einer ebenso unteilbaren wie gleichzeitig so wertvoll vielfältigen Menschheit. Der Menschheit stehen längst hinreichende Mittel und Möglichkeiten zur Verfügung, dass niemand mehr zu hungern braucht, dass für alle Menschen der Erde eine medizinische Grundversorgung bereitsteht, dass alle Menschen der Erde lesen und schreiben und an lebenslänglich begleitenden Qualifizierungsmaßnahmen teilnehmen können und dass jeder Mensch sich aktiv in die gesellschaftliche Entwicklung einbringen kann. Zur Verwirklichung eines scheinbar so kühnen Vorhabens wäre nicht mehr als ein kleiner Bruchteil dessen nötig, was heute weltweit allein für Sicherheit ausgegeben wird – für eine Sicherheit, die Milliarden Menschen in existenzieller Unsicherheit zurücklässt und daher die Welt insgesamt keineswegs sicherer macht.

Eine Welt, die die existenzielle Sicherheit und die kreativen Entfaltungsmöglichkeiten für *alle* ihre Bürger in das Zentrum ihrer Zukunftsperspektive stellt, ist eine Welt, die für alle sowohl sehr viel sicherer als auch sehr viel reicher ist, und zwar sowohl in materieller als auch in immaterieller Hinsicht. Frieden, Sicherheit, Arbeit, Wohlstand, Freiheit, Inspiration, Nachhaltigkeit – gleichgültig, welche Werte wir ansprechen, sie lassen sich in einer zusammenwachsenden Weltgemeinschaft nur noch schützen und fortentwickeln, wenn sie *für alle Bürger dieser Erde in gleicher Konsequenz* ernst genommen werden. Wenn die Löhne in den heutigen Armutsregionen nicht steigen, werden die Löhne in den heutigen Wohlstandsregionen unweigerlich sinken. Wenn die Regenwaldrodung nicht aufhört, wird sich das Klima auch bei uns ändern. Die Menschheit wird jeden Tag mehr zu einer voneinander abhängigen Gemeinschaft – im Negativen

wie im Positiven. Positiv angewendet bedeutet dies: Je früher und konsequenter wir uns als Weltgemeinschaft verstehen, desto besser und attraktiver unser aller Zukunftsperspektiven.
Für den Einstieg in eine *weltweite Diskussion über eine Zivilisation globalen Verantwortungsbewusstseins* schlagen wir folgende zwei konkrete Meilensteine vor:
1. Ein Global Marshall Plan zur Erreichung der Millennium Development Goals. Im Jahr 2000 wurden beim Millenniumgipfel der Vereinten Nationen von mehr als 150 Staatsoberhäuptern einmütig die Millennium Development Goals verabschiedet. Diese umfassen unter anderem folgende Ziele, die bis zum Jahr 2015 erreicht sein sollen: weltweit Halbierung der Zahl der Armen, die von weniger als einem Dollar pro Tag leben müssen, Ermöglichung des Besuchs eines vollen Grundschulprogramms für alle Kinder der Welt, Umkehrung des Trends beim Verlust von Umweltressourcen etc. Mehrere unabhängige Organisationen kamen zu demselben Ergebnis, dass zur Finanzierung eines solchen Programms rund 100 Milliarden Dollar pro Jahr erforderlich sind. Für die genannten historischen Ziele ist dies ein vergleichsweise kleiner Betrag, zu dessen Finanzierung mehrere konkrete und praktikable Vorschläge vorliegen wie beispielsweise die Einführung einer minimalen Welthandelsabgabe (»Terra Tax«). Wir fordern die Weltgemeinschaft auf, die Umsetzung eines Global Marshall Plans zur Erreichung der bereits von allen Nationen der Welt angenommenen Millennium Development Goals zu ihrer ersten Priorität zu erheben. Wir sehen dies als eine Nagelprobe an für ihre Glaubwürdigkeit zur Gestaltung der globalen Herausforderungen.
2. Ein Zivilparlament bei den Vereinten Nationen. Wenn wir demokratische Grundwerte ernst nehmen, dürfen wir im Zeitalter der Globalisierung diese nicht länger an den nationalen Grenzen enden lassen. Die für jeden Bürger dieser Erde mit jedem Tag wichtiger werdenden Entscheidungen für unsere globalen Rahmenbedingungen unseres globalen Zusammenlebens dür-

fen nicht länger allein dem Interessenspiel der Nationen und der Lobbyarbeit von Interessengruppen überlassen bleiben. Die zentralen globalen Entscheidungsprozesse selbst müssen endlich einer transparenten parlamentarisch-demokratischen Kontrolle unterworfen werden. Die Schaffung eines Parlaments bei den Vereinten Nationen erscheint uns hierfür ein zentraler Schritt, der den Anfang setzen kann für eine weitere schrittweise Demokratisierung von global relevanten Entscheidungsprozessen. Globale Herausforderungen sind unser aller gemeinsame Herausforderungen. Ein Zivilparlament bei den Vereinten Nationen würde diesem Faktum eine wichtige Ausdrucksform und eine wertvolle Plattform des Ringens um angemessenes globalverantwortliches Handeln geben.

Wir sehen die wichtigste Herausforderung der Weltgemeinschaft für die nächsten Jahre und Jahrzehnte darin, die Grundwerte jeglicher erfolgreichen Zivilisations- und Kulturentwicklung der Vergangenheit heute auf das Zusammenleben der Menschheit als die neu hinzugekommene Stufe menschlicher Gemeinschaft anzuwenden. Mit den vorgeschlagenen beiden Meilensteinen verbinden wir die Hoffnung, dass sie eine entscheidende Katalysatorfunktion in diese Richtung erfüllen können, damit die dramatische Kluft zwischen Worten und Taten, die heute nirgendwo größer ist als bei den globalen Herausforderungen, endlich geschlossen wird. »We are the people ...«, »Wir sind das Weltvolk ...« – so beginnt die Präambel der Vereinten Nationen. Wenn wir dies ernst nehmen, können wir gemeinsam die Rahmenbedingungen schaffen für eine humane und zukunftsfähige Gestaltung der Globalisierung. Wir, die wir die Flutkatastrophe überlebt haben, haben die Pflicht gegenüber deren Opfern und gegenüber der Zukunft, substanzielle und bleibende historische Konsequenzen zu ziehen.

3 Für alles Leben auf Erden

Erklärung der Goi Peace Foundation

Präambel

Die Erde ist eine sich stets weiterentwickelnde lebendige Einheit. Jede Lebensform auf Erden ist Teil dieses Ganzen. Demzufolge müssen wir Menschen unser Bewusstsein dafür stärken, dass wir alle Mitglieder einer globalen Gemeinschaft sind. Wir alle teilen die gleiche Mission und die gleiche Verantwortung für die Zukunft unseres Planeten.
Jeder von uns ist Teil der Evolution auf unserem Planeten, und um den Weltfrieden zu erreichen, müssen wir unserer Verpflichtung und Verantwortung nachkommen.
Bis zum gegenwärtigen Zeitpunkt gibt es nur sehr wenige Menschen auf der Welt, die mit dem Leben wirklich zufrieden sind. Auf der ganzen Welt standen und stehen wir noch immer Konflikten gegenüber, deren Ursachen im Wettkampf um begrenzte Ressourcen und Land liegen. Das hatte eine Zerstörung der Umwelt zur Folge. Jetzt, zu Beginn eines neuen Jahrtausends, hängt die Verwirklichung des Friedens mehr als jemals zuvor davon ab, dass es jedem Einzelnen von uns bewusst wird, Mitglied der menschlichen Rasse zu sein. Heute hat jedes menschliche Wesen die Verantwortung dafür, ihr oder sein Herz mit Frieden und Harmonie zu füllen. Wir alle zusammen haben eine gemeinsame Aufgabe, die wir erfüllen müssen. Frieden auf der Welt wird es dann geben, wenn sich jeder Mensch dieser gemeinsamen Mission bewusst geworden ist und wenn wir uns alle für dieses gemeinsame Ziel zusammenschließen.

Was Macht, Reichtum, Ruhm, Wissen, Technologie und Erziehung anbelangt, teilte sich die Menschheit bis heute in Individuen, Nationen und Organisationen auf, die all das entweder besaßen oder nicht. Es wurde auch unterschieden zwischen Gebern und Beschenkten, zwischen Helfern und Hilfeempfängern.
Wir erklären hiermit unsere Absicht, all diese Dualitäten und Unterschiede mit einem neuen Konzept zu überwinden, das uns beim Aufbau einer friedvollen Welt als Fundament dienen soll.

Allgemeingültige Prinzipien

Im neuen Zeitalter soll die Menschheit sich zu einer Welt der Harmonie entwickeln, darunter ist eine Welt zu verstehen, in der jedes Individuum und jede Nation ihren individuellen Qualitäten freien Lauf lassen kann und sich doch gleichzeitig in gegenseitiger Harmonie mit allem Leben auf Erden befindet.
Um diese Vision zu verwirklichen, stellen wir die folgenden Richtlinien auf:

1. Ehrfurcht vor dem Leben
Wir werden eine Welt erschaffen, die auf Liebe und Harmonie basiert und in der alle Lebensformen respektiert werden.

2. Respekt für alles, was uns unterscheidet
Wir werden eine Welt erschaffen, in der alle verschiedenen Völker, ethnischen Gruppen, Religionen, Kulturen, Traditionen und Bräuche respektiert werden. Die Welt muss ein Ort sein, der sowohl in sozialer, physikalischer als auch geistiger Hinsicht frei von Diskriminierung und Konfrontation ist. Wir sollen unsere Unterschiede respektieren und Freude an ihnen haben.

3. Dankbarkeit für und Koexistenz mit der Natur
Wir werden eine Welt erschaffen, in der sich jeder Mensch be-

wusst ist, dass wir nur mit dem Segen der Natur leben können und in der jeder in Harmonie mit der Natur leben wird, indem er seine Dankbarkeit gegenüber Tieren, Pflanzen und anderen Lebensformen zeigt.

4. Harmonie zwischen Spiritualität und Materialismus

Wir werden eine Welt erschaffen, die auf einem harmonischen Miteinander von materieller und spiritueller Zivilisation basiert. Wir müssen von unserer Überbetonung des Materiellen abkommen, um die Entwicklung einer gesunden Spiritualität zu ermöglichen. Wir müssen eine Welt aufbauen, in der materieller und spiritueller Reichtum gleichermaßen geschätzt werden.

Praxis

Bei der Umsetzung dieser Prinzipien in die Praxis lassen wir uns von folgenden Richtlinien leiten:

Als Individuen:

Die Ära, in der immer noch Autorität und Verantwortlichkeit bei den Nationalstaaten, den ethnischen Gruppen und Religionen liegen, muss sich ändern zugunsten einer Ära, in der der Einzelne von größter Wichtigkeit ist. Wir streben ein »Zeitalter des Individuums« an, jedoch nicht im Sinne von Egoismus, sondern ein Zeitalter, in dem jeder Einzelne bereit ist, als Mitglied der Menschenrasse Verantwortung und seine oder ihre Aufgaben zu übernehmen. Jeder von uns soll mithelfen, unsere wichtigste Mission zu erfüllen, nämlich Liebe, Harmonie und Dankbarkeit in unser Herz und damit auch in die ganze Welt zu bringen.

In Spezialbereichen:

Wir werden ein System der Kooperation aufbauen, in dem wir all die Weisheit bündeln, die aus den Bereichen technisches

Wissen, Talente und Fähigkeiten auf verschiedenen Gebieten stammen, also aus der Erziehung, der Wissenschaft, der Kultur und der Kunst genauso wie aus der Religion, der Philosophie, der Politik und der Wirtschaft.

Als junge Generation:
Im 20. Jahrhundert waren Eltern, Lehrer und die Gesellschaft diejenigen, die die Kinder erzogen, und die Kinder diejenigen, die erzogen wurden. Im 21. Jahrhundert werden die Erwachsenen von den wunderbaren Eigenschaften der Kinder lernen, als da wären: Reinheit, Unschuld, Weisheit, Intuition, andere inspirieren und aufbauen zu können. Die junge Generation wird einen führenden Part beim Friedensprozess für eine glückliche Zukunft spielen.

4 Weisheit am Wendepunkt

*Die Budapest-Erklärung des
World Wisdom Council*

»Wo es keine Vision gibt, gehen die Menschen zugrunde.«
Psalmen, Altes Testament

»Kein Problem kann auf derselben Bewusstseinsebene
gelöst werden, die dieses Problem geschaffen hat.«
Albert Einstein

1. Als Mitglieder des World Wisdom Councils fühlen wir uns der Wende der gegenwärtigen Trends, die auf Chaos und Zerstörung zulaufen, verpflichtet. Wir sind der festen Überzeugung, dass die Welt in eine konstruktive Richtung verändert werden kann. Eine neue Zivilisation kann geschaffen werden. Wir rufen die Regierungen und Unternehmen, Erzieher, Künstler, Wissenschaftler, die engagierten Bürger und alle Bürger dazu auf, sich dieser Selbstverpflichtung anzuschließen. Wir fordern alle Menschen in jeglicher Lebenslage dazu auf, sich der kritischen Weltlage bewusst zu werden und ihre Macht des neuen Denkens und Handelns einzusetzen, um die notwendigen Veränderungen auf den Weg zu bringen.

2. Die weisen Menschen aller Traditionen haben uns ermahnt, die Menschheit als eine Familie anzusehen und die Heiligkeit des Lebens und der Schöpfung zu achten, Liebe und Mitgefühl zu nähren und nach der goldenen Regel zu leben, nach der wir alle Menschen so behandeln sollen, wie wir selbst behandelt

werden möchten. Zum ersten Mal in der Geschichte ist die Anwendung dieser Weisheit nicht nur eine Voraussetzung für persönliches Wachstum und persönliche Erfüllung, sondern eine Voraussetzung für das Überleben der menschlichen Spezies.

3. Weder ein Zusammenbruch ins Chaos noch ein Durchbruch zu einer neuen Zivilisation sind vom Schicksal bestimmt. Die Zukunft ist nicht vorherbestimmt, sie muss geschaffen werden. Sie kann in entscheidender Weise mitgeformt werden durch jedes menschliche Wesen, das mit einem Bewusstsein und einem Gewissen ausgestattet ist. Es sind funktionsfähige Alternativen vorhanden zum gegenwärtigen Modus, nach dem die Welt funktioniert, Alternativen, die die gegenwärtigen Trends in Richtung Krise umsteuern und den Weg bereiten in Richtung einer nachhaltigeren und friedvolleren neuen Zivilisation.

4. Die grundlegende Ursache für das Fehlen von Nachhaltigkeit liegt im dysfunktionalen und egozentrischen Denken, das Wahrnehmungen und Prioritäten entstehen lässt, die zu destruktivem Verhalten führen. Das grundlegende Heilmittel liegt in der Transformation der vorherrschenden Wahrnehmungsmuster. Nach dem hier verwendeten Verständnis umschließt der Begriff »Wahrnehmungsmuster« sowohl die rationalen als auch die intuitiven, sowohl die kognitiven als auch die emotionalen Elemente, also die gesamte Bandbreite menschlichen Bewusstseins.

5. Alle traditionellen Weisheitslehren der Menschheit, im Osten wie im Westen, Norden oder Süden, stimmen darin überein, dass das Stellen von grundlegenden existenziellen Fragen einen entscheidenden Schritt darstellt für das Erwachen von Weisheit, da uns diese Fragen dabei helfen, eine essenzielle Verbindung wahrzunehmen und zu erfahren zwischen unserem Bewusstsein und dessen unmittelbar greifbaren Effekten auf unser Leben.

Sie bringen das Erwachen von höheren, mehr integralen Formen menschlicher Intelligenz voran, die zur Lösung, Beseitigung und definitiven Entscheidung von Problemen führen, mit denen wir derzeit konfrontiert sind.

6. Es gibt eine Reihe von grundlegenden Fragen, über die wir nachsinnen müssen. Dazu zählen zum Beispiel:
- Können wir Wohlstand, Gestaltungsmacht und Technologie so einsetzen, dass sie uns dienen anstatt zu versklaven?
- Können wir Frieden in uns selbst und mit anderen finden, ohne im Frieden mit der Natur zu leben?
- Können wir eine friedvolle und nachhaltige Welt haben, ohne zu verstehen, wie andere die Welt sehen?
- Können wir es uns leisten, die innere Weisheit, die in traditionellen Kulturen und in kleinen Kindern gegenwärtig ist, zu ignorieren, wenn es darum geht, wie wir unser Leben in modernen Gesellschaften gestalten sollen?
- Müssen wir uns nicht die Frage stellen, ob moderne Gesellschaften mit ihrem Rechtssystem tatsächlich Gerechtigkeit schaffen, mit ihrem Gesundheitssystem echte Gesundheit und mit ihrem politischen und wirtschaftlichen Handeln wirkliche Nachhaltigkeit?
- Können wir die derzeit vorherrschende Glorifizierung von Gier, Lust und Macht möglichst schnell in ein Wahrnehmungsmuster umwandeln, das der Gerechtigkeit für alle gewidmet ist und dem Respekt für alle Menschen, ob sie nun in unserer Gesellschaft und Kultur leben oder in anderen?

Wir müssen uns ferner einige weitere eher praktische Fragen stellen wie beispielsweise: Wie steht es um die Weisheit in einem System, das …
- Waffen produziert, die gefährlicher sind als die Konflikte, zu deren Lösung sie eigentlich entwickelt wurden, und die statt einer Kultur des Friedens einen Kult der Gewalt etablieren?

- bis heute fortfährt, Frauen gering zu schätzen und die Hälfte seiner Kinder in Armut und Hunger zurücklässt?
- permanente Überproduktion von Nahrungsmitteln schafft, es aber nicht vermag, diese den Hungernden zugänglich zu machen?
- die einfachsten Prinzipien von Fairness und Gerechtigkeit ignoriert, die es seinen Kindern zur Nachahmung lehrt?
- von seinen Bürgern die Befolgung der goldenen Regel erwartet, nach der man andere so behandeln sollte, wie man selbst behandelt werden möchte, während es diese elementare Regel der Fairness in den Beziehungen zwischen den Staaten und in der Geschäftswelt ignoriert?
- seinen Bürgern immer mehr Belastungen und Herausforderungen aufbürdet, während es gleichzeitig immer mehr Menschen ihrer Arbeitsplätze beraubt?
- angeblich unermüdlich wirtschaftliches und finanzielles Wachstum benötigt, um nicht in sich zusammenzubrechen?
- mit langfristigen Struktur- und Umsetzungsproblemen konfrontiert ist, während es seine Erfolge weiterhin an kurzfristigen Kriterien und am täglichen Auf und Ab der Börsenkurse misst?
- sozialen und wirtschaftlichen Fortschritt nach wie vor nach den Maßstäben des Bruttosozialprodukts bewertet und dabei Kriterien für die Qualität des Lebens und die Befriedigung grundlegender menschlicher Bedürfnisse außer Acht lässt?
- der Maximierung der Produktivität von Arbeit höchste Priorität einräumt (obwohl Millionen arbeitslos oder unterbeschäftigt sind), anstatt die Produktivität der Ressourcen voranzubringen (obwohl die meisten natürlichen Ressourcen endlich sind und viele rar und nicht erneuerbar)?
- religiösen Fundamentalismus bekämpft, aber gleichzeitig »Marktfundamentalismus« (den Glauben, dass der Markt alles richten und alle Probleme lösen kann) wie einen Augapfel verteidigt?

7. Wir schließen mit der Feststellung, dass es nicht länger eine Frage ist, *ob* ein grundlegender Wandel kommen wird, sondern ob dieser Wandel zum Wohl oder Wehe der Menschheit sein wird und *zu welchem Preis* er stattfinden wird. Je früher wir den Weg zu einem positiven Wandel beschreiten, desto weniger traumatisch wird er sein und desto geringer die menschlichen, wirtschaftlichen und ökologischen Kosten. Wir alle teilen die Verantwortung, zu realisieren, dass wir an einem Wendepunkt der gegenwärtigen Zivilisation stehen; zu verstehen, dass ein gut informiertes Denken und ein verantwortungsvolles Handeln notwendig sind, um uns an die Schwelle zu einer nachhaltigen und friedlicheren Zivilisation zu bringen.

5 Die Erd-Charta

Die Erd-Charta wurde in einem zehn Jahre langen Prozess der Meinungsbildung und Ausarbeitung entwickelt, bei dem mehr als 1000 Nichtregierungsorganisationen aus aller Welt sowie führende Repräsentanten der Weltreligionen und indigenen Völker einbezogen waren. Nie zuvor war in einen solchen Prozess ein so repräsentatives Spektrum der Menschheit einbezogen. Die Erd-Charta soll nunmehr von den Regierungen der Nationen sowie von möglichst vielen NGOs und Menschen aus der ganzen Welt als gemeinsame Wertegrundlage und Selbstverpflichtung unterzeichnet werden.

Präambel

Wir stehen an einem kritischen Punkt der Erdgeschichte, an dem die Menschheit den Weg in ihre Zukunft wählen muss. Da die Welt zunehmend miteinander verflochten ist und ökologisch zerbrechlicher wird, birgt die Zukunft gleichzeitig große Gefahren und große Chancen. Wollen wir vorankommen, müssen wir anerkennen, dass wir trotz und gerade in der großartigen Vielfalt von Kulturen und Lebensformen eine einzige menschliche Familie sind, eine globale Gemeinschaft mit einem gemeinsamen Schicksal. Wir müssen uns zusammentun, um eine nachhaltige Weltgesellschaft zu schaffen, die sich auf Achtung gegenüber der Natur, auf die allgemeinen Menschenrechte, wirtschaftliche Gerechtigkeit und eine Kultur des Friedens gründet. Auf dem Weg dorthin ist es unabdingbar, dass wir, die Völker der Erde, Verantwortung übernehmen füreinander, für die größere Gemeinschaft allen Lebens und für zukünftige Generationen.

Die Erde, unsere Heimat

Die Menschheit ist Teil eines sich ständig fortentwickelnden Universums. Unsere Heimat Erde bietet Lebensraum für eine einzigartige und vielfältige Gemeinschaft von Lebewesen. Naturgewalten machen das Dasein zu einem herausfordernden und ungewissen Ereignis, doch die Erde bietet gleichzeitig alle wesentlichen Voraussetzungen für die Entwicklung des Lebens. Die Selbstheilungskräfte der Gemeinschaft allen Lebens und das Wohlergehen der Menschheit hängen davon ab, ob es uns gelingt, eine gesunde Biosphäre zu bewahren mit all ihren ökologischen Systemen, dem Artenreichtum ihrer Pflanzen und Tiere, fruchtbaren Böden, reinen Gewässern und sauberer Luft. Die globale Umwelt mit ihren endlichen Ressourcen ist der gemeinsamen Sorge aller Völker anvertraut. Die Lebensfähigkeit, Vielfalt und Schönheit der Erde zu schützen, ist eine heilige Pflicht.

Die globale Situation

Die vorherrschenden Muster von Produktion und Konsum verursachen Verwüstungen der Umwelt, Raubbau an den Ressourcen und ein massives Artensterben. Sie untergraben unsere Gemeinwesen. Die Erträge der wirtschaftlichen Entwicklung werden nicht gerecht verteilt und die Kluft zwischen Reichen und Armen vertieft sich. Ungerechtigkeit, Armut, Unwissenheit und gewalttätige Konflikte sind weit verbreitet und verursachen große Leiden. Ein beispielloses Bevölkerungswachstum hat die ökologischen und sozialen Systeme überlastet. Die Grundlagen globaler Sicherheit sind bedroht. Das sind gefährliche Entwicklungen, aber sie sind nicht unabwendbar.

Die Herausforderungen

Wir haben die Wahl: Entweder bilden wir eine globale Partnerschaft, um für die Erde und füreinander zu sorgen, oder wir riskieren, uns selbst und die Vielfalt des Lebens zugrunde zu richten. Notwendig sind grundlegende Änderungen unserer Werte, Institutionen und Lebensweise. Wir müssen uns klarmachen: Sind die Grundbedürfnisse erst einmal befriedigt, dann bedeutet menschliche Entwicklung vorrangig »mehr Sein« und nicht »mehr Haben«.
Wir verfügen über das Wissen und die Technik, alle zu versorgen und schädliche Eingriffe in die Umwelt zu vermindern. Das Entstehen einer weltweiten Zivilgesellschaft schafft neue Möglichkeiten, eine demokratische und humane Weltordnung aufzubauen. Unsere ökologischen, sozialen und spirituellen Herausforderungen sind miteinander verknüpft und nur zusammen können wir umfassende Lösungen entwickeln.

Weltweite Verantwortung

Um diese Wünsche zu verwirklichen, müssen wir uns entschließen, in weltweiter Verantwortung zu leben und uns mit der ganzen Weltgemeinschaft genauso zu identifizieren wie mit unseren Gemeinschaften vor Ort. Wir sind zugleich Bürgerinnen und Bürger verschiedener Nationen und der Einen Welt, in der Lokales und Globales miteinander verknüpft sind. Jeder Mensch ist mitverantwortlich für das gegenwärtige und zukünftige Wohlergehen der Menschheitsfamilie und für das Leben auf der Erde. Der Geist menschlicher Solidarität und die Einsicht in die Verwandtschaft alles Lebendigen werden gestärkt, wenn wir in Ehrfurcht vor dem Geheimnis des Seins, in Dankbarkeit für das Geschenk des Lebens und in Bescheidenheit hinsichtlich des Platzes der Menschen in der Natur leben. Für das ethische Fundament der entstehenden Weltgemeinschaft brauchen wir dringend eine gemeinsame Vision von Grundwerten. Darum formulieren wir in gemeinsamer Hoffnung die folgenden eng zusammenhängenden Grundsätze für einen nachhaltigen Lebensstil. Es sind Leitlinien für das Verhalten jedes Einzelnen, von Organisationen, Unternehmen, Regierungen und übernationalen Einrichtungen.

Grundsätze

I. Achtung vor dem Leben und Sorge für die Gemeinschaft des Lebens

1. Achtung haben vor der Erde und dem Leben in seiner ganzen Vielfalt.
- Erkennen, dass alles, was ist, voneinander abhängig ist und alles, was lebt, einen Wert in sich hat, unabhängig von seinem Nutzwert für die Menschen.
- Das Vertrauen bekräftigen in die unveräußerliche Würde eines jeden Menschen und in die intellektuellen, künstlerischen, ethischen und spirituellen Fähigkeiten der Menschheit.

2. Für die Gemeinschaft des Lebens in Verständnis, Mitgefühl und Liebe sorgen.
- Anerkennen, dass mit dem Recht auf Aneignung, Verwaltung und Gebrauch der natürlichen Ressourcen die Pflicht verbunden ist, Umweltschäden zu vermeiden und die Rechte der Menschen zu schützen.
- Bekräftigen, dass mit mehr Freiheit, Wissen und Macht auch die Verantwortung für die Förderung des Gemeinwohls wächst.

3. Gerechte, partizipatorische, nachhaltige und friedliche demokratische Gesellschaften aufbauen.
- Sicherstellen, dass die Menschenrechte und Grundfreiheiten überall gewährleistet werden und jeder Mensch die Chance bekommt, seine Begabungen voll zu entfalten.
- Soziale und wirtschaftliche Gerechtigkeit fördern, die es allen ermöglicht, ein materiell gesichertes und erfülltes Leben zu führen, ohne dabei ökologische Grenzen zu verletzen.

4. Die Fülle und Schönheit der Erde für heutige und zukünftige Generationen sichern.
- Erkennen, dass die Handlungsfreiheit jeder Generation durch die Bedürfnisse zukünftiger Generationen begrenzt ist.
- Künftigen Generationen Werte, Traditionen und Institutionen weitergeben, die ein langfristiges Gedeihen der Erde und der Menschheit fördern.

Um diese vier weitreichenden Selbstverpflichtungen zu erfüllen, ist Folgendes notwendig:

II. Ökologische Ganzheit

5. Die Ganzheit der Ökosysteme der Erde schützen und wiederherstellen, vor allem die biologische Vielfalt und die natürlichen Prozesse, die das Leben erhalten.
- Auf allen Ebenen Pläne und Regeln für eine nachhaltige Entwicklung annehmen, damit Schutz und Wiederherstellung der Umwelt integraler Bestandteil aller Entwicklungsinitiativen werden.
- Den Bestand und die Neueinrichtung von Naturschutzgebieten und Biosphären-Reservaten fördern, auch von Wildnisgebieten und geschützten Ozeanen, um die Lebensgrundlagen der Erde zu schützen, biologische Vielfalt zu erhalten und unser Naturerbe zu bewahren. Die Erholung gefährdeter Artenbestände und Ökosysteme fördern.

- Standortfremde oder genetisch manipulierte Organismen kontrollieren und entfernen, wenn sie einheimischen Arten oder der Umwelt schaden; die Ansiedlung derartiger schädlicher Organismen verhindern.
- Erneuerbare Ressourcen wie Wasser, Boden, Wald, Lebewesen der Meere so sorgsam nutzen, dass die Erneuerungsraten nicht überschritten werden und die ökologischen Systeme stabil bleiben.
- Nicht erneuerbare Ressourcen wie Mineralien und fossile Brennstoffe so fördern und verbrauchen, dass sie nur langsam erschöpft werden und dabei keine ernsthaften Umweltschäden entstehen.

6. Schäden vermeiden, bevor sie entstehen, ist die beste Umweltschutzpolitik. Bei begrenztem Wissen gilt es, das Vorsorgeprinzip anzuwenden.
- Aktiv werden, um die Möglichkeit schwerer oder gar irreversibler Umweltschäden zu verhindern, auch wo wissenschaftliche Kenntnisse fehlen oder keine abschließende Risikoanalyse zulassen.
- Die Beweislast denen auferlegen, die behaupten, ein beabsichtigter Eingriff verursache keine signifikanten Schäden. Die Verursacher von Umweltschäden sind als Verantwortliche haftbar zu machen.
- Sicherstellen, dass vor allen Entscheidungen die kumulativen, langfristigen, indirekten, weiträumigen und globalen Folgen menschlichen Handelns gründlich erwogen werden.
- Jede Art von Umweltverschmutzung verhindern und keine Anreicherung von radioaktiven, giftigen oder anderen gefährlichen Stoffen hinnehmen.
- Alle militärischen Aktivitäten, die die Umwelt schädigen, vermeiden.

7. Produktion, Konsum und Reproduktion so gestalten, dass sie die Erneuerungskräfte der Erde, die Menschenrechte und das Gemeinwohl sichern.
- Bei Produktion und Konsum Materialverbrauch reduzieren, Mehrwegsysteme und Recycling bevorzugen und sicherstellen, dass Restabfälle vom ökologischen System unbeschadet aufgenommen werden können.
- Energie sparsam und effizient nutzen und sich zunehmend auf erneuerbare Energiequellen wie Sonne und Wind stützen.
- Die Entwicklung, Anwendung und gerechte globale Verbreitung umweltschonender Techniken fördern.
- Die vollen ökologischen und sozialen Kosten von Gütern und Dienstleistungen in den Verkaufspreis einbeziehen. Den Verbrauchern dadurch ermöglichen, die Produkte mit den höchsten ökologischen und sozialen Standards zu erkennen.
- Allen Menschen Zugang zu einem Gesundheitswesen sichern, das gesunde und verantwortliche Fortpflanzung fördert.
- Einen Lebensstil praktizieren, der die Lebensqualität und materielle Suffizienz in einer begrenzten Welt betont.

8. Das Studium ökologischer Nachhaltigkeit vorantreiben und den offenen Austausch der erworbenen Erkenntnisse und deren weltweite Anwendung fördern.
- Die internationale wissenschaftliche und technische Zusammenarbeit zu nachhaltiger Entwicklung unterstützen und dabei die Bedürfnisse der Entwicklungsländer besonders berücksichtigen.
- Das überlieferte Wissen und die spirituelle Weisheit aller Kulturen, die zu Umweltschutz und menschlichem Wohlergehen beitragen, anerkennen und bewahren.
- Sicherstellen, dass alle – auch genetische – Informationen, die wesentlich und wichtig für die menschliche Gesundheit und den Umweltschutz sind, öffentlich verfügbar bleiben.

III. Soziale und wirtschaftliche Gerechtigkeit

9. Armut beseitigen als ethisches, soziales und ökologisches Gebot.
- Das Recht aller Menschen auf Trinkwasser, saubere Luft, ausreichende und sichere Ernährung, unvergiftete Böden, Obdach und sichere sanitäre Einrichtungen garantieren und die Bereitstellung der dafür erforderlichen nationalen und internationalen Ressourcen sicherstellen.
- Allen Menschen den Zugang zu Bildung und den Ressourcen für einen nachhaltigen Lebensunterhalt verschaffen. Für Menschen, die ihren Lebensunterhalt nicht selbst bestreiten können, ein Netz sozialer Sicherung bereithalten.
- Die Unbeachteten achten, die Verwundbaren schützen, den Leidenden dienen und ihnen ermöglichen, ihre Fähigkeiten zu entwickeln und ihre Ziele zu verfolgen.

10. Sicherstellen, dass wirtschaftliche Tätigkeiten und Einrichtungen auf allen Ebenen die gerechte und nachhaltige Entwicklung voranbringen.
- Die gerechte Verteilung von Reichtum innerhalb und zwischen den Nationen fördern.
- Die intellektuellen, finanziellen, technischen und sozialen Ressourcen der Entwicklungsländer steigern und sie von drückender Schuldenlast befreien.
- Sicherstellen, dass der gesamte Handel zum nachhaltigen Gebrauch der Ressourcen, zum Umweltschutz und zu humanen Arbeitsbedingungen beiträgt.
- Von multinationalen Unternehmen und internationalen Finanzorganisationen verlangen, transparent im Sinne des Gemeinwohls zu handeln, und sie gleichzeitig für die Folgen ihres Handelns verantwortlich machen.

11. Die Gleichberechtigung der Geschlechter als Voraussetzung für nachhaltige Entwicklung bejahen und den universellen Zugang zu Bildung, Gesundheitswesen und Wirtschaftsmöglichkeiten gewährleisten.

- Die Menschenrechte von Frauen und Mädchen sichern und jede Gewalt gegen sie beenden.
- Die aktive Teilhabe der Frauen an allen Bereichen des wirtschaftlichen, politischen, gesellschaftlichen, sozialen und kulturellen Lebens als gleichberechtigte Partnerinnen, Entscheidungsträgerinnen und Führungskräfte fördern.
- Familien stärken und die Sicherheit und liebevolle Entfaltung aller Familienmitglieder gewährleisten.

12. Am Recht aller – ohne Ausnahme – auf eine natürliche und soziale Umwelt festhalten, welche Menschenwürde, körperliche Gesundheit und spirituelles Wohlergehen unterstützt. Besondere Aufmerksamkeit gilt dabei den Rechten von indigenen Völkern und Minderheiten.

- Jede Art von Diskriminierung, sei sie aufgrund von Rasse, Hautfarbe, Geschlecht, sexueller Orientierung, Sprache, Religion, sozialer Herkunft, nationaler oder ethnischer Zugehörigkeit, unterbinden.
- Das Recht indigener Völker auf eigene Spiritualität, Kenntnisse, Ländereien, Ressourcen und ihren damit verbundenen nachhaltigen Lebensunterhalt bestätigen.
- Die jungen Menschen in unseren Gemeinden würdigen und unterstützen und sie dazu befähigen, ihre unentbehrliche Rolle bei der Schaffung einer nachhaltigen Gesellschaft zu spielen.
- Die kulturell und spirituell herausragenden Orte schützen und restaurieren.

IV. Demokratie, Gewaltfreiheit und Frieden

13. Demokratische Einrichtungen auf allen Ebenen stärken, für Transparenz und Rechenschaftspflicht bei Ausübung von Macht sorgen, einschließlich Mitbestimmung und rechtlichem Gehör.

- Am Recht eines jeden Menschen auf klare und rechtzeitige Information in Umweltbelangen und allen Entwicklungsplänen und -tätigkeiten, die ihn berühren können oder an denen er interessiert ist, festhalten.
- Die lokale, regionale und globale Zivilgesellschaft unterstützen und die sinnvolle Mitwirkung aller interessierten Personen und Institutionen bei der Entscheidungsfindung fördern.
- Das Recht auf Meinungsfreiheit, Pressefreiheit, Versammlungsfreiheit, Organisationsfreiheit und die Freiheit, abweichende Meinungen zu vertreten, schützen.
- Effizienten Zugang zu Verwaltungsverfahren und unabhängigen Gerichtsverfahren vorsehen, die drohende oder tatsächliche Umweltschäden unterbinden und wiedergutmachen.
- Korruption in allen öffentlichen und privaten Einrichtungen bekämpfen.
- Lokale Gemeinschaften stärken und ihnen ermöglichen, ihre Umwelt zu schützen. Die Verantwortung für den Umweltschutz auf solche Verwaltungsebenen übertragen, auf denen sie am effektivsten wahrgenommen werden kann.

14. In die formale Bildung und in das lebenslange Lernen das Wissen, die Werte und Fähigkeiten integrieren, die für eine nachhaltige Lebensweise nötig sind.

- Für alle, insbesondere für Kinder und Jugendliche, Bildungsmöglichkeiten bereitstellen, die sie zur Mitarbeit an nachhaltiger Entwicklung befähigen.
- Das Mitwirken von Kunst und Kultur sowie der Geistes-, Sozial- und Naturwissenschaften bei der Bildung für eine nachhaltige Entwicklung fördern.

- Die Funktion der Massenmedien stärken, Bewusstsein für die ökologischen und sozialen Herausforderungen wecken.
- Die Bedeutung der moralischen und spirituellen Bildung für einen nachhaltigen Lebensstil anerkennen.

15. Alle Lebewesen rücksichtsvoll und mit Achtung behandeln.
- Tiere, die von Menschen gehalten werden, vor Grausamkeit und Leiden schützen.
- Frei lebende Tiere vor solchen Methoden der Jagd, Fallenstellerei und des Fischfanges schützen, die extremes, unnötig langes oder vermeidbares Leiden verursachen.
- Fangen oder Töten von nicht gewünschten Spezies vermeiden oder weitestmöglich beenden.

16. Eine Kultur der Toleranz, der Gewaltlosigkeit und des Friedens fördern.
- Zu gegenseitigem Verstehen, zu Solidarität und Zusammenarbeit unter allen Völkern und zwischen den Nationen ermutigen und dies unterstützen.
- Umfassende Strategien zur Vermeidung gewaltsamer Konflikte umsetzen und gemeinschaftliche Wege zur Problembewältigung nutzen, um ökologische und andere Konflikte anzugehen und zu lösen.
- Nationale Sicherheitssysteme auf ein nicht bedrohliches Verteidigungsniveau abrüsten und die Umwandlung militärischer Einrichtungen für friedliche Zwecke, einschließlich ökologischer Wiederherstellung, fördern.
- Nukleare, biologische und giftige Waffen sowie andere Massenvernichtungswaffen vollständig beseitigen.
- Sicherstellen, dass die Nutzung des erdnahen sowie des ganzen übrigen Weltraumes Umweltschutz und Frieden fördern.
- Anerkennen, dass Frieden die Gesamtheit dessen ist, das geschaffen wird durch rechte Beziehungen zu sich selbst, zu

anderen Personen, anderen Kulturen, anderen Lebewesen, der Erde und dem größeren Ganzen, zu dem alles gehört.

Der Weg vor uns

Wie nie zuvor in der Geschichte der Menschheit lädt uns unser gemeinsames Schicksal dazu ein, einen neuen Anfang zu suchen. Eine solche Erneuerung versprechen die Grundsätze der Erd-Charta. Um dieses Versprechen zu erfüllen, müssen wir uns selbst verpflichten, die Werte und Ziele der Charta uns zu Eigen zu machen und zu fördern.
Das erfordert einen Wandel in unserem Bewusstsein und in unseren Herzen. Es geht darum, weltweite gegenseitige Abhängigkeit und universale Verantwortung neu wahrzunehmen. Wir müssen die Vision eines nachhaltigen Lebensstils mit viel Phantasie entwickeln und anwenden, und zwar auf lokaler, nationaler, regionaler und globaler Ebene. Unsere kulturelle Vielfalt ist ein kostbares Erbe und die verschiedenen Kulturen werden auf eigenen, unterschiedlichen Wegen diese Vision verwirklichen. Wir müssen den globalen Dialog, aus dem die Erd-Charta erwachsen ist, vertiefen und ausdehnen; denn wir können aus der weitergehenden gemeinsamen Suche nach Wahrheit und Weisheit viel voneinander lernen.
Leben beinhaltet häufig Spannungen zwischen wichtigen Werten. Das kann schwierige Entscheidungen bedeuten. Aber wir müssen Wege finden, um Vielfalt mit Einheit zu versöhnen, Freiheit mit Gemeinwohl und kurzfristige Anliegen mit langfristigen Zielen. Jeder Einzelne, jede Familie, Organisationen oder Gemeinschaften haben eine lebenswichtige Rolle zu spielen. Kunst und Kultur, Wissenschaften, Religionen, Bildungseinrichtungen, Medien, Wirtschaft, Nichtregierungsorganisationen und Regierungen sind alle aufgerufen, bei diesem Prozess kreativ voranzugehen. Eine Partnerschaft von Regierungen,

Zivilgesellschaft und Wirtschaft ist unabdingbar für eine wirkungsvolle Lenkung und Gestaltung unserer Geschicke.

Um eine nachhaltige globale Gemeinschaft aufzubauen, müssen die Nationen der Welt ihre Bindung an die UNO erneuern, ihre Verpflichtungen aufgrund bestehender internationaler Übereinkommen erfüllen und die Umsetzung der Erd-Charta-Grundsätze zu einem internationalen, rechtlich verbindlichen Instrument für Umwelt und Entwicklung unterstützen.

Lasst uns unsere Zeit so gestalten, dass man sich an sie erinnern wird …

- als eine Zeit, in der eine neue Ehrfurcht vor dem Leben erwachte;
- als eine Zeit, in der nachhaltige Entwicklung entschlossen auf den Weg gebracht wurde;
- als eine Zeit, in der das Streben nach Gerechtigkeit und Frieden neuen Auftrieb bekam und
- als eine Zeit der freudigen Feier des Lebens.

6 Erklärung zum Weltethos

Offizielle Zusammenfassung der Weltethos-Erklärung des Parlaments der Weltreligionen am 4. September 1993 in Chicago. Diese Weltethos-Erklärung wurde initiiert und vorbereitet von der Stiftung Weltethos unter der Leitung von Hans Küng.

Die Welt liegt in Agonie. Diese Agonie ist so durchdringend und bedrängend, dass wir uns herausgefordert fühlen, ihre Erscheinungsformen zu benennen, sodass die Tiefe unserer Besorgnis deutlich werden kann.
Der Friede entzieht sich uns – der Planet wird zerstört – Nachbarn leben in Angst – Frauen und Männer sind entfremdet voneinander – Kinder sterben! Das ist abscheulich!
Wir verurteilen den Missbrauch der Ökosysteme unserer Erde.
Wir verurteilen die Armut, die Lebenschancen erstickt; den Hunger, der den menschlichen Körper schwächt; die wirtschaftlichen Ungleichheiten, die so viele Familien mit Ruin bedrohen.
Wir verurteilen die soziale Unordnung der Nationen: die Missachtung der Gerechtigkeit, welche Bürger an den Rand drängt; die Anarchie, welche in unseren Gemeinden Platz greift; und den sinnlosen Tod von Kindern durch Gewalt. Insbesondere verurteilen wir Aggression und Hass im Namen der Religion.
Diese Agonie muss nicht sein. Sie muss nicht sein, weil die Grundlage für ein Ethos bereits existiert. Dieses Ethos bietet die Möglichkeit zu einer besseren individuellen und globalen Ordnung und führt die Menschen weg von Verzweiflung und die Gesellschaften weg vom Chaos.
Wir sind Frauen und Männer, welche sich zu den Geboten und Praktiken der Religionen der Welt bekennen.

Wir bekräftigen, dass sich in den Lehren der Religionen ein gemeinsamer Bestand von Kernwerten findet und dass diese die Grundlage für ein Weltethos bilden.

Wir bekräftigen, dass diese Wahrheit bereits bekannt ist, aber noch mit Herz und Tat gelebt werden muss.

Wir bekräftigen, dass es eine unwiderrufbare, unbedingte Norm für alle Bereiche des Lebens gibt, für Familien und Gemeinden, für Rassen, Nationen und Religionen. Es gibt bereits uralte Richtlinien für menschliches Verhalten, die in den Lehren der Religionen der Welt gefunden werden können und welche die Bedingung für eine dauerhafte Weltordnung sind.

Wir erklären: Wir sind alle voneinander abhängig. Jeder von uns hängt vom Wohlergehen des Ganzen ab. Deshalb haben wir Achtung vor der Gemeinschaft der Lebewesen, der Menschen, Tiere und Pflanzen und haben Sorge für die Erhaltung der Erde, der Luft, des Wassers und des Bodens.

Wir tragen die individuelle Verantwortung für alles, was wir tun. All unsere Entscheidungen, Handlungen und Unterlassungen haben Konsequenzen.

Wir müssen andere behandeln, wie wir von anderen behandelt werden wollen. Wir verpflichten uns, Leben und Würde, Individualität und Verschiedenheit zu achten, sodass jede Person ohne Ausnahme menschlich behandelt wird. Wir müssen Geduld und Akzeptanz üben. Wir müssen fähig sein zu vergeben, indem wir von der Vergangenheit lernen, aber es niemals zulassen, dass wir selber Gefangene der Erinnerungen des Hasses bleiben. Indem wir unsere Herzen einander öffnen, müssen wir unsere engstirnigen Streitigkeiten um der Sache der Weltgemeinschaft willen begraben und so eine Kultur der Solidarität und gegenseitigen Verbundenheit praktizieren.

Wir betrachten die Menschheit als unsere Familie. Wir müssen danach streben, freundlich und großzügig zu sein. Wir dürfen nicht allein für uns selber leben, müssen vielmehr auch anderen dienen und niemals die Kinder, die Alten, die Armen, die

Leidenden, die Behinderten, die Flüchtlinge und die Einsamen vergessen. Niemand soll jemals als Bürger zweiter Klasse betrachtet oder behandelt oder, in welcher Weise auch immer, ausgebeutet werden. Es sollte eine gleichberechtigte Partnerschaft zwischen Mann und Frau geben. Wir dürfen keinerlei sexuelle Unmoral begehen. Wir müssen alle Formen der Herrschaft oder des Missbrauchs hinter uns lassen.

Wir verpflichten uns auf eine Kultur der Gewaltlosigkeit, des Respekts, der Gerechtigkeit und des Friedens. Wir werden keine anderen Menschen unterdrücken, schädigen, foltern, gar töten und auf Gewalt als Mittel zum Austrag von Differenzen verzichten.

Wir müssen nach einer gerechten sozialen und ökonomischen Ordnung streben, in der jeder die gleiche Chance erhält, seine vollen Möglichkeiten als Mensch auszuschöpfen. Wir müssen in Wahrhaftigkeit sprechen und handeln sowie mit Mitgefühl, indem wir mit allen in fairer Weise umgehen und Vorurteile und Hass vermeiden. Wir dürfen nicht stehlen. Wir müssen vielmehr die Herrschaft der Sucht nach Macht, Prestige, Geld und Konsum überwinden, um eine gerechte und friedvolle Welt zu schaffen.

Die Erde kann nicht zum Besseren verändert werden, wenn sich nicht das Bewusstsein des Einzelnen zuerst ändert. Wir versprechen, unsere Wahrnehmungsfähigkeit zu erweitern, indem wir unseren Geist disziplinieren durch Meditation, Gebet oder positives Denken. Ohne Risiko und ohne Opferbereitschaft kann es keine grundlegende Veränderung in unserer Situation geben. Deshalb verpflichten wir uns auf dieses Weltethos, auf Verständnis füreinander und auf sozialverträgliche, friedensfördernde und naturfreundliche Lebensformen.

Wir laden alle Menschen, ob religiös oder nicht, dazu ein, dasselbe zu tun.

Epilog

Was uns die alten Alchimisten erzählen

Von Paulo Coelho

»Eine neue Art des Denkens wurde zur notwendigen Bedingung für verantwortungsvolles Leben und Handeln«, sagt Ervin Laszlo in diesem Buch. Selbst wenn wir in manchen Augenblicken Grund zu Pessimismus haben, spiegelt Wie kann ich die Welt verändern? genau das wider, wofür viele Menschen in vielen Teilen der Welt bereit sind, sich zu engagieren.

Eine neue Welt zu bauen ist wie ein großes Radrennen, dessen Ziel das Erreichen der persönlichen Bestimmung ist. Die Übereinstimmung mit den alten Alchimisten ist unsere wahre Bestimmung auf Erden.

Am Start des Rennens stehen wir in Kameradschaft und Enthusiasmus zusammen. Aber im Verlauf des Wettrennens weicht die anfängliche Freude den wirklichen Herausforderungen: Ermüdung, Monotonie und Zweifel an den eigenen Fähigkeiten. Wir stellen bald fest, dass einige unserer Freunde in der Tiefe ihres Herzens bereits aufgegeben haben. Sie fahren noch weiter, doch nur, weil sie nicht auf halbem Wege stoppen können. Diese Gruppe wird allmählich größer. Sie treten in die Pedale entlang der Vorsorgungswagen, verfallen in Routine und Konversationen untereinander und erfüllen ihre Pflichten, aber die Schönheiten und Herausforderungen der Reise, die haben sie vergessen.

Diese Mitfahrer lassen wir schließlich hinter uns. Dann werden wir mit Einsamkeit konfrontiert, mit den Überraschungen unbekannter Wegeswindungen, mit Problemen am Fahrgestell. Nun kommt die Zeit, nach mehreren Rückschlägen, bei denen uns niemand zu Hilfe eilt, wo wir uns fragen, ob es all dieser Mühen wert ist. Ja, es ist ihrer wert.

Der Punkt, auf den es ankommt, ist, nicht aufzugeben. Alan Jones, der Priester, sagt uns, unsere Seele besitzt die Fähigkeit, alle diese Hindernisse zu überwinden, wenn wir von vier unsichtbaren Kräften Gebrauch machen: Liebe, Tod, Macht und Zeit.

Es ist notwendig zu lieben, weil wir von Gott geliebt werden.

Es ist notwendig, sich des Todes bewusst zu sein, um Leben zu verstehen.

Es ist notwendig, sich um Wachstum zu bemühen, um zu verstehen, dass die zunehmende Macht, die mit Wachstum einhergeht, für sich selbst wertlos ist und uns nur zu Narretei verleitet.

Und schließlich ist es notwendig zu akzeptieren, dass unsere Seele, obwohl sie ewig lebt, gegenwärtig im Netz der Zeit gefangen ist, mit ihren Möglichkeiten und Begrenzungen. Daher müssen wir uns in unserem einsamen Radrennen so bewegen, als ob die Zeit dazu existiere, aus jeder Sekunde das Beste zu machen, auszuruhen, wenn es erforderlich ist, aber die Reise zum göttlichen Licht ungebrochen fortsetzen, ohne unseren gelegentlichen Ängsten zu erlauben, uns zu besiegen.

Mit diesen vier Kräften können wir nicht in derselben Weise umgehen wie mit Problemen, die zu lösen sind, denn diese Kräfte stehen außerhalb unserer Kontrolle. Wir müssen sie einfach akzeptieren, damit sie uns lehren können, was wir lernen sollen.

Wir leben in einem Universum, das groß genug ist, um uns mit allem in ihm zu verbinden, und klein genug, um Platz in unserem Herzen zu haben. In der Seele des Menschen ist die Seele der Welt, die Stille der Weisheit. Während wir uns mit den Pedalen unseres Rades unserem Ziel zubewegen, sollten wir uns immer wieder neu die Frage stellen: »Was macht den heutigen Tag schön?« Manchmal mag die Sonne scheinen, doch selbst wenn es regnet, sollten wir uns daran erinnern, dass auch Sturmwolken wieder vorüberziehen. Der Himmel wird sich aufklaren und den Blick der Sonne freigeben. Sie wird niemals vergehen. Es ist wichtig, sich daran zu erinnern in Zeiten der Einsamkeit.

Gerade wenn das Leben besonders hart ist, sollten wir nicht vergessen, dass *jeder* Mensch das Gefühl der Verzweiflung kennt, unabhängig von seiner Rasse, Hautfarbe, sozialen Herkunft, Glaube oder Kultur. Ein wundervolles Gebet des Sufi-Meisters Dhu'l Nun, dem Ägypter (861 n. Chr.), fasst die positive Haltung zusammen, die wir in solchen Zeiten brauchen:

»O Gott, wenn ich den Stimmen der Tiere, dem Klang der Bäume, dem Murmeln des Wassers, dem Zwitschern der Vögel, dem Rauschen des Windes oder dem Grollen des Donners meine Aufmerksamkeit schenke, so verstehe ich, dass sie von Deiner Einheit Zeugnis geben. Dann fühle ich Deine höchste Kraft, Deine Allgegenwart, Deine höchste Weisheit und Deine größte Gerechtigkeit.

O Gott, hinter all den Martyrien, denen ich ausgesetzt bin, erkenne ich dennoch Dich. Lass meine Zufriedenheit eins sein mit Deiner Zufriedenheit. Möge ich Deine Freude sein, die Freude eines Vaters über sein Kind. Und lass mich Deiner auch dann mit Gelassenheit und Entschlossenheit gegenwärtig sein, wenn es schwer sein sollte zu sagen: Ich liebe Dich.«

Mit diesem Buch setzt Ervin Laszlo eine weitere wichtige Säule für das Gebäude einer neuen Welt.

Leseempfehlungen

Von David Woolfson

Grundlagen

- Dalai Lama, H.H.: *Der Weg zum Glück. Sinn im Leben finden.* Herder, Freiburg 2002
- Gorbatschow, Michail: *Über mein Land. Russlands Weg ins 21. Jahrhundert.* München, C. H. Beck, München 2000
- Laszlo, Ervin: *Macroshift: Navigating the Transformation to a Sustainable World.* Berret-Koehler, San Francisco 2001. (Deutsche Ausgabe: Insel, Frankfurt/M. 2003)
- Muller, Robert & Roche, Douglas: *Safe Passage into the Twenty-First Century.* Continuum Pub Group, New York 1995
- Strong, Maurice: *Where on Earth Are We Going?* Texere, New York 2001

Zur Lage der Welt

- Hertsgaard, Mark: *Earth Odyssey: Around the World in Search of Our Environmental Future.* Broadway Books, New York 1999
- United Nations Environment Program: *Global Environment Outlook: United Nations Environment Programme (Global Environment Outlook Series)* Earthscan Publications Ltd., London 2002
- Worldwatch Institute (Hrsg.): *Zur Lage der Welt 2002. Programm für das Überleben unseres Planeten.* S. Fischer, Frankfurt/M. 2002

- Worldwatch Institute (Hrsg.): *Vital Signs 2001: The Environmental Trends That Are Shaping Our Future.* W.W. Norton & Company, New York 2001

Globalisierung

- Daly, Herman: *Wirtschaft jenseits von Wachstum. Die Volkswirtschaftslehre nachhaltiger Entwicklung.* A. Pustet, Salzburg, München 1999
- Hertsgaard, Mark: *Expedition ans Ende der Welt. Auf der Suche nach unserer Zukunft.* S. Fischer, Frankfurt/M. 2001
- Homer-Dixon, Thomas: *The Ingenuity Gap.* Alfred A. Knopf, New York u.a. 2000
- Huber, Joseph & Robertson, Robert: *Creating New Money. A Monetary Reform for the Information Age.* New Economic Foundation, London 2000
- Laszlo, Ervin: *The Choice: Evolution or Extinction?: A Thinking Person's Guide to Global Issues.* Putnam, New York 1994
- Linden, Eugene: *The Future in Plain Sight.* Penguin Putnam Inc., New York 2002
- Mayor, Federico; Bind Jerome: *The World Ahead: Our Future in the Making.* Zed Books, New York 2001
- Rowbotham, Michael: *The Grip of Death.* Carpenter u.a., Charlbury, Oxfordshire 1998
- Wilson, Edward O.: *Die Zukunft des Lebens.* Siedler, München 2002

Ökologie und Nachhaltigkeit

- Benyus, Janine M.: *Biomimicry: Innovation Inspired by Nature.* William Morrow & Co., New York 1997

- Brown, Lester: *Eco-Economy: Building a New Economy for the Earth.* W. Norton & Company, New York, London, 2001
- Hawken, Paul: *The Ecology of Commerce.* HarperCollins, New York 1994
- Hawken, Paul; Lovins, Amory; Lovins. L. Hunter: *Öko-Kapitalismus. Die industrielle Revolution des 21. Jahrhunderts.* Riemann, München 2000
- Henderson, Hazel: *Building a Win-Win World: Life Beyond Global Economic Welfare.* Berrett-Koehler, San Francisco 1996
- Henderson, Hazel: *Beyond Globalization: Shaping a Sustainable Global Economy.* Kumanian Press, West Hartford 1999
- Laszlo, Ervin: *Macroshift: Navigating the Transformation to a Sustainable World.* Berrett-Koehler, San Francisco 2001
- Nattrass, Brian & Altomare, Mary: *The Natural Step for Business: Wealth, Ecology and the Evolutionary Corporation.* New Society Publishers, Gabriola Island, British Columbia 1999

Frieden und Sicherheit

- Dorn, A. Walter (Hrsg.): *World Order for a New Millennium: Political, Cultural and Spiritual Approaches to Building Peace.* Palgrave, Basingstoke 1999
- Ferencz, Benjamin: *Planethood: The Key to Your Future.* Love Line Books, Coos Bay, Or. 1991
- Herzog, Roman: *Preventing the Clash of Civilizations: A Peace Strategy for the Twenty-First Century.* St. Martin's Press, New York 1999
- Lederach, John Paul: *Building Peace: Sustainable Reconciliation in Divided Societies.* United States Institute of Peace, Washington D.C. 1997
- Rotblat, Joseph; Bruce, Maxwell; Milne, Tom (Hrsg.): *Ending War: The Force of Reason.* Palgrave, Basingstoke 1999

Der Club of Budapest

Der Club of Budapest wurde 1993 gegründet. Initiator und Präsident des Club of Budapest ist Prof. Dr. Dr. Ervin Laszlo, früher ein international bekannter Pianist und seit nunmehr 40 Jahren engagierter Humanist, Buchautor und Begründer der »Evolutionären Systemtheorie«. Seine annähernd 100 Bücher, die er bisher veröffentlicht hat, wurden in viele Sprachen übersetzt.
Der Club of Budapest gilt nicht nur als international anerkannter Think Tank, sondern entwickelt sich immer mehr auch zu einem Do Tank: Weltweite Projekte, die die Welt verändern, werden nicht nur diskutiert, sondern auch aktiv umgesetzt.
Der Club of Budapest ist eine Organisation, in der kreative und engagierte Menschen aus Kultur, Wissenschaft, Wirtschaft, Politik und überdies alle, die etwas verändern möchten, zusammentreffen, um sich mit wichtigen Themen unserer Zeit auseinander zu setzen, Problemlösungen vorzuschlagen und Veränderungen zu gestalten.
Der Club of Budapest als Think Tank: Viele weltweit bekannte Persönlichkeiten sind Mitglieder des Club of Budapest und unterstützen seine Ziele. Es gibt annähernd 60 Honorary Members, die die Ziele des Clubs unterstützen, sowie Creative Members, die als Gründer oder Verantwortungsträger bedeutender Organisationen beispielhaft sind für soziales und kulturelles Engagement, für Veränderungen in vielen Regionen der Welt und vor allem für den Einsatz gegen Armut und Unterdrückung – Menschen, die sich dafür einsetzen, dass jeder Mensch sein Recht auf Bildung geltend machen kann und kein Mensch mehr an Wassermangel oder Hunger sterben muss.
2004 wurde ein World Wisdom Council gegründet, dessen 25

Mitglieder sich regelmäßig treffen, um mit Politikern, Wissenschaftlern oder Jugendlichen über die Zukunft unserer Welt zu diskutieren und mögliche Problemlösungen zu erarbeiten. So war der WWC zum Beispiel im Mai 2005 Gast des Evangelischen Kirchentages in Hannover.

Zum Wissenschaftsforum Hombroich lädt der Club in jedem Jahr anerkannte Wissenschaftler aus der ganzen Welt ein, um über Zusammenhänge von Wissenschaft und Bewusstsein zu diskutieren.

Der Club of Budapest verleiht jedes Jahr den Planetary Consciousness Award an Persönlichkeiten, die beispielgebend sind für global verantwortliches Denken. Zu den Preisträgern zählen bislang unter anderem Nelson Mandela, Prof. Vadim Sagladin, Václav Havel, Michail Gorbatschow, Desmond Tutu, Kofi Annan, Paulo Coelho, Herman van Veen und Peter Ustinov.

Mit dem Change the World Award werden Organisationen oder Projekte ausgezeichnet, die Vorbildcharakter haben. Preisträger sind hier beispielsweise Menschen für Menschen (Äthiopien/Karl-Heinz Böhm), Andheri Hilfe (Bangladesch und Indien/Rosi Gollmann), FUNDAEC – Entwicklungsschulen in Kolumbien, Fashion for Development (Bangladesch/Bibi Russell) oder International Child Assistance Russland.

Der Club of Budapest als Do Tank: Das Wasserprojekt »Wasser ist Menschenrecht« wurde 2005 begonnen und setzt sich für eine regionale Wasserversorgung in Ländern ein, wo Wasser in vielen Gegenden nur durch stundenlange Fußwege erreichbar oder hochgradig verseucht ist. Weitere Projekte sind unter anderem die Ansiedlung von Bienenvölkern, die Gewinnung von Bio-Öl oder die biologische Kultivierung von Ackerboden.

Der Club of Budapest ist außerdem Kooperationspartner des World-Spirit-Forums in Arosa, Mitgestalter der Global Marshall Plan Initiative und aktiver Kooperationspartner des von September bis Dezember 2007 in Mexico stattfindenden Monterey-Forums (2004: Barcelona/2007: Monterey/2011: Korea).

Dies sind nur einige wichtige Beispiele der weltweiten Aktivitäten des Clubs.

So wie wir heute mit unserem Planeten umgehen, so wie wir die Erde heute ausbeuten, so bewegen wir uns – wissenschaftlich nachgewiesen – auf eine Katastrophe zu; der Tsunami in Asien und die Hurrikans im Süden der USA sind anschauliche Beispiele dafür. Jeder von uns sollte Verantwortung übernehmen und wir müssen unsere Einstellungen zu vielen »Gewohnheiten« und »Selbstverständlichkeiten« verändern. Der Club of Budapest und seine Mitglieder weisen immer wieder auf diese Situation hin und zeigen Wege auf, wie jeder von uns seine und damit *die* Welt ein wenig mit verändern kann. *You can change the World!*

Die Honorary Members des Club of Budapest

Tschingis AITMATOW	*Schriftsteller, Botschafter*
Oscar ARIAS	*Friedensnobelpreisträger*
A.T. ARIYARATNE	*Buddhistischer Führer*
SRI BHAGAVAN	Mitbegründer der Golden Age Bewegung
Maurice BÉJART	*Tänzer, Choreograph*
Thomas BERRY	*Theologe, Wissenschaftler*
Karlheinz BÖHM	*Schauspieler, NGO-Stifter*
Arthur C. CLARKE	*Schriftsteller*
Paulo COELHO	*Schriftsteller*
Mihaly CZIKSZENTMIHALYI	*Psychotherapeut*
XIV. DALAI LAMA	*Buddhistischer Führer*
Waris DIRIE	*Schriftstellerin*
Vigdis FINNBOGADOTTIR	*Staatspräsidentin*
Milos FORMAN	*Filmregisseur*
Peter GABRIEL	*Musiker*
Hans-Dietrich GENSCHER	*Bundesaußenminister a. D.*

Rivka GOLANI	*Musiker*
Jane GOODALL	*Wissenschaftlerin*
Michail GORBATSCHOW	*Friedensnobelpreisträger*
Arpád GÖNCZ	*Staatspräsident*
Otto Herbert HAJEK †	*Bildhauer*
Willis HARMAN †	*Wissenschaftler*
Hazel HENDERSON	*Wirtschaftswissenschaftlerin*
Václav HAVEL	*Staatspräsident a. D.*
Pir Vilayat INAYAT-KHAN †	*Sufi-Führer*
Bianca JAGGER	*Menschenrechtlerin*
Miklós JANCSO	*Filmregisseur*
Ken-Ichiro KOBAYASHI	*Dirigent*
Gidon KREMER	*Musiker*
Hans KÜNG	*Interreligiöser Führer*
Irene van LIPPE-BIESTERFELD	*Umweltaktivistin*
Shu-Hsien LIU	*Philosoph*
Eva MARTON	*Opernsängerin*
Federico MAYOR	*UNESCO-Generalsekretär*
Zubin MEHTA	*Dirigent*
Yehudi MENUHIN †	*Musiker*
Edgar MITCHELL	*Wissenschaftler, Astronaut*
Edgar MORIN	*Philosoph*
Robert MULLER	*Vize-UN-Generalsekretär*
Gillo PONTECORVO	*Filmregisseur*
Ruhíyyih RABBANI †	*Bahá'í-Führerin*
Mary ROBINSON	*UN-Hochkommissarin*
Mstislav ROSTROPOVICH	*Dirigent*
Josef ROTBLAT	*Friedensnobelpreisträger*
Peter RUSSELL	*Philosoph, Futurist*
Masami SAIONJI	*Interreligiöse Führerin*
Karan SINGH	*Hindu-Führer*
George SOLTI †	*Dirigent*
Sigmund STERNBERG	*Interreligiöser Führer*
Rita SÜSSMUTH	*Bundestagspräsidentin a. D.*

Desmond TUTU	*Christlicher Führer*
Liv ULLMANN	*Schauspielerin*
Peter USTINOV †	*Schauspieler, Autor*
Richard von WEIZSÄCKER	*Bundespräsident a. D.*
Elie WIESEL	*Friedensnobelpreisträger*
Betty WILLIAMS	*Friedensnobelpreisträgerin*
Muhammad YUNUS	*Gründer der Grameen Bank*

Organisation

THE CLUB OF BUDAPEST
INTERNATIONAL FOUNDATION
Präsident: Prof Dr. Dr. Ervin Laszlo
Szentharomsag ter 6
1014 Budapest
Ungarn
www. clubofbudapest.hu

13 Mitglieder im international besetzten Kuratorium

THE CLUB OF BUDAPEST
INTERNATIONAL EXECUTIVE BOARD
Executive Director: Wolfgang Riehn
Planet Plaza Hombroich
D-41472 Neuss
Tel: 0 21 82 – 88 61 09
Fax: 0 21 82 – 88 61 19
office@clubofbudapest.org
www.clubofbudapest.org

Das Executive Board ist in 14 Arbeitsbereiche aufgeteilt: u. a. Sustainable Development & Innovation; Internationales Netzwerk; NGO-Kooperationen; IGO-Kooperationen; Education; Generations; Global Marshall Plan Initiative

Sie können die Aufgaben und Projekte des Club of Budapest als Fördermitglied unterstützen.

PLANET LIFE ACADEMY
Bildungseinrichtung des Club of Budapest. Zwei Programmzyklen im Herbst und Frühjahr des Jahres: Vorträge, Symposien, Best-Practice-Beispiele, After-Work-Brain, Trainings.
pla@clubofbudapest.org
www.planetlifeacademy.org

THE CLUB OF BUDAPEST STIFTUNG

NATIONALE CLUBS
(Stand Oktober 2005)
Argentinien, Brasilien, Frankreich, Italien, Japan, Kanada, Mexiko, Niederlande, Österreich, Samoa, Türkei, Ungarn, USA.
In Gründung: Belgien, China, Deutschland, Indien, Nepal, Norwegen, Schweiz.

2006 werden die ersten Clubs in einigen Ländern Afrikas ihre Arbeit beginnen.

»Das leicht lesbare Buch vermittelt eine tiefgründige Diskussion über das, was ein Bild sein kann.« Frankfurter Allgemeine Zeitung

Mexiko 1531: Die Jungfrau Maria erscheint dem Indio Juan Diego und hinterläßt ihr Bildnis auf seinem Poncho. Vor allem aufgrund dieser Begebenheit traten die Einwohner Mittel- und Südamerikas zum Christentum über. Paul Badde erzählt in seiner spannenden Reportage die phantastische Geschichte einer Erscheinung, die die Weltgeschichte veränderte.

Paul Badde
Maria von Guadalupe
Wie das Erscheinen
der Jungfrau
Weltgeschichte schrieb

ISBN-13: 978-3-548-60561-6
ISBN-10: 3-548-60561-3

List Taschenbuch